不能忘却的
伟大胜利

迟浩田

《不能忘却的伟大胜利》摄制组

華藝出版社
HUA YI PUBLISHING HOUSE

目录

我登上了松骨峰 　　　　　辛旗　001

第一集　决策出兵 　　　　　　　001

第二集　首战告捷 　　　　　　　023

第三集　国威初显 　　　　　　　049

第四集　攻克汉城 　　　　　　　075

第五集　血洒汉江 　　　　　　　097

第六集　拉锯鸭绿江 　　　　　　119

第七集　一鸣惊人 　　　　　　　141

第八集　一半功劳 　　　　　　　165

第九集　鏖战上甘岭 　　　　　　189

第十集　边打边谈 　　　　　　　213

第十一集　胜利凯歌还 　　　　　239

第十二集　中华好儿女 　　　　　263

我登上了松骨峰 辛 旗

　　松骨峰，朝鲜北部清川江、大同江之间崇山峻岭中一座普通的小山岗，因著名作家魏巍那篇战地通讯《谁是最可爱的人》而名扬中外。抗美援朝战争期间在这座山岗上发生的惨烈战斗和志愿军战士视死如归的英雄事迹，成为伟大抗美援朝精神的重要印证。

　　1950 年 11 月 30 日，中国人民志愿军第二次战役反击阶段，第 38 军 112 师 335 团 1 营奉命迅速向敌后迂回，抢占军隅里南边的松骨峰，截断美军第二师南逃之路。1 营 3 连作为先头部队直插松骨峰，遏制军隅里至顺川的公路，与南逃美军二师九团进行一场实力悬殊的激战。从凌晨开始连续 5 个多小时里，美军用炸弹、炮弹、火箭弹、凝固汽油弹，对 3 连阵地进行毁灭性轰击。战至 10 时，突围之敌孤注一掷调集数十辆坦克、几十架飞机和几十门大炮，展开凶猛的进攻。松骨峰山顶的土石都被炮火翻犁了，汽油弹的火焰把阵地上的石头都烧焦了，但志愿军战士们坚守着"人在阵地在，誓与阵地共存亡"、"只要阵地上还有一个人，就要与敌人血战到底"的信念，像钢钉一般牢牢钉在阵地上，以步枪、机枪、手榴弹、六零迫击炮、爆破筒、炸药包等劣势装备顶住了敌人一波又一波的集团冲锋。这场激战持续 8 个小时，歼灭 300 多敌人，为主力部队大会战聚歼美军创造了有利条件。松骨峰战斗，3 连 120 名指战员仅剩 7 人。战后，人们看到这个连的阵地上一片焦土，烈士们的遗体保留着各种各样的战斗姿势……

松骨峰阻击战打得艰苦，打得惨烈，打出了志愿军将士们的威风，打出了中国军人、中华男儿的英雄气概。

魏巍同志在《谁是最可爱的人》中对这场战斗的描述，让所有中国人知晓了志愿军战士们的英勇，记住了松骨峰阻击战，"松骨峰"3个字也深深铭刻在无数中国人的心中。我们作为生长在红旗下的一代人，也已过"知天命"之年，我们对抗美援朝战争有着特殊的情感，对中国人民志愿军烈士们怀有崇高的敬意。松骨峰——这个地图上几乎找不到的名称，在我内心深处有着沉甸甸的分量和牵挂，长久以来我一直在心中设想该以一种什么样的方式表达对松骨峰、对志愿军烈士们的敬意。

由于工作原因，我曾先后3次访问朝鲜。第一次是2008年，率团参加第六届平壤国际科技图书展；第二次是2010年，为纪念中国人民志愿军抗美援朝出国作战60周年，率志愿军老战士访问团赴朝访问，并拍摄了3集电视专题片《融进三千里江山的英魂》。这两次赴朝，我祭奠了在朝鲜所有志愿军烈士合葬墓。然而我登上松骨峰的企盼，却由于种种原因未能如愿。

今年是朝鲜停战协定签订60周年。两年前，我着手策划并组织拍摄一部文献纪录片，以纪念这场举世瞩目的战争。片名很早就在我脑海中产生了，一甲子的时光，时世变迁，会磨去多少时代的痕迹和记忆，为了先辈也为了后人，这部片子就叫《不能忘却的伟大胜利》。今年9月，我率中华文化发展促进会、中国国际友好联络会代表团第三次访问朝鲜，随团还有这部纪录片的摄制组。这一次，我们的访问行程中有松骨峰。

到达平壤第二天，朝鲜同志通知访问团，去松骨峰的路前段时间被大雨冲毁过，路况很差，目前还没有完全修复，能否成行难以确定。

听到这个消息，我的心情久久不能平静。"能否把车开到路断处，我们步行去松骨峰，希望朝鲜同志能理解我的心情，这是一个中国人对祖国英雄们的无比崇敬之情，更代表着祖国亲人对烈士们的无限牵挂。"我恳切地向朝方表达我的心情。

朝鲜接待方领导朴京日局长沉默良久，用力握着我的手说："辛旗同志，我们一定陪你一起走到松骨峰。"

9月6日，从平壤出发，一路艳阳高照，天气出奇的好。旅行车很快开出了平壤市区，沿着安州、价川高速公路向北疾驶，进入山区后道路崎岖蜿蜒，路旁漫山遍野的玉米已近成熟。我望着车窗外远处起伏的山峦，眼前浮现出当年志愿军战士生龙活虎般矫健的身影。

抗美援朝战争，我们有18万烈士长眠于朝鲜半岛的土地上。我的亲人长辈中就有7人参加志愿军，其中有一位牺牲在金城反击战，还有一位在清川江机场被美军飞机炸穿耳膜致残，一辈子住在荣誉军人疗养院，生活在无声世界里。对这三千里锦绣江山，我始终怀有难以言喻的感情。

颠簸了4个多小时，离松骨峰还有5公里远的地方，车子终于不能再往前开了。远远地，已经望见了那个普通的小山岗。

"那就是松骨峰。"当地农场的朝鲜同志指着远处那座百米高的小山。

一刻也没有停歇，我和访问团、摄制组，以及陪同的朝方人员迈开大步朝松骨峰走去。抬头望见山包上的一排排松树在迎风摇摆，就像志愿军战士们在挥舞着双臂迎接我们。松骨峰！多贴切的名字，"岁寒，然后知松柏之后凋也"。松风骨气，这也是中华民族赞美君子品德的比喻。

"志愿军英雄们，最可爱的人，祖国的亲人来看望你们了。"我眼含热泪向牺牲在松骨峰的烈士们诉说。

这座土石混合的小山包，山下和山腰已种上玉米、大豆、高粱等农作物，接近山顶到处是过膝高的杂草，山顶上遍布纤秀的小松树。步行到达山脚下，我们沿着山间小道一路上行，仅用20分钟就已接近山顶，但就是这 20 分钟的登山路程，当年美军在飞机、大炮强大火力支援下，竟然无法前进一步！

我站在松骨峰山顶，俯身仔细观察脚下的泥土和砂石，虽然历经 60 多年风吹日晒，但山上岩石被美军凝固汽油弹烧过的焦黑色斑痕依然清晰可见，朽木石屑碎砾漫山遍野，不难想象当年美军对松骨峰的炮犁火耕有多么疯狂。

在接近峰顶位置，拨开杂草荆棘，当年留下的战壕赫然入目，顺着战壕前行，有一段挖入山体躲避空袭和放置弹药的防空坑道。这应该是英雄的 335 团 1 营 3 连战士们与敌人交火时依托的主要工事。望着长长的战壕、黑漆漆的坑道，我仿佛听到战士们杀敌的呐喊声。

再往山顶走，纤秀的小松树密密匝匝地紧挨在一起，陪同的朝鲜同志讲这是近十年种植的。是啊，当年那场战斗过后，山上留下的只有弹片和光秃秃烧焦的岩石和土地，哪里还寻得到一草一木？

登上山顶，俯瞰四周，一条主干道从东北方向南延伸在山脚下通过，当年这条路就是封锁截断美军南逃的闸门，335 团 1 营 3 连誓死坚守松骨峰，拦住南撤美军的退路。恶劣的环境，劣势的装备，没有空中和炮火支援，居然完成了如此艰巨的阻击任务，这是一种什么样的精神在支撑着这些可爱的战士？这些手持步枪、机枪、手榴弹、爆破筒的青年战士们奋勇杀敌的战斗情景，永远定格在我们的记忆中，永远让人肃然起敬。

1950 年 11 月 30 日上午 10 时许，又一轮炮火刚停，一群饿狼似的敌人如洪水溃堤向 3 连阵地漫过来。连长戴玉成、指导员杨少成和 3 个排长都壮烈牺牲，党员和几乎所有的班长也接连牺牲。阵地上只剩下副连长杨文海、一名卫生员和几名重伤员。杨文海端起折断了刺刀的三八枪，呐喊着纵身跃进敌群；3 个伤员带着身上呼呼烈火，冲向敌群；两名正在接受包扎的重伤员挣脱卫生员的手，抱着集束手榴弹、爆破筒，踉跄着向敌人扑去；卫生员举起手中的夹板砸向敌人；六零炮炮手抱着一发炮弹引爆在敌群中……

为了表示对英雄们的崇敬，我们在松骨峰山顶举办了庄重简朴的祭奠仪式。同志们把白色的挽联系挂在山顶的松树上，采撷野花做了花圈轻轻架在松枝上，再把从祖国带来的泥土抛洒在山野之中，把家乡的美酒倾倒于山巅之上，让英雄们永远能够闻到祖国泥土的芬芳，再次品尝家乡美酒的甘醇。面对着松骨峰上的烈士们英灵，我哽咽地宣读了祭文："中国人民志愿军第 38 军 112 师 335 团 1 营 3 连的全体英雄们．今天，我带中华文化发展促进会、中国国际友好联络会代表团暨文献纪录片《不能忘却的伟大胜利》摄制组全体人员，来看望你们。63 年前，你们在这片土地上，用鲜血和生命捍卫了祖国的尊严，保卫了朝鲜人民，为中华儿女和中华民族争了光，祖国人民永远不会忘记你们，朝鲜人民永远不会忘记你们。今天，我们伟大的祖国已经发生了翻天覆地的变化，在中华民族伟大复兴的征程中正在实现伟大的中国梦。今天美丽的祖国更加繁荣强盛，英雄的人民军队更加英勇善战，勤劳的人民群众更加富裕安康。我们的祖国、军队能有今天的成就，人民能有今天的幸福生活，是你们爬冰卧雪、殊死战斗的结果，你们的鲜血没有白流，你们是祖国的骄傲，是中华民族不屈的脊梁，是最可爱的人。'为有牺牲多壮志，敢教日月换新天。'中国人民会永远铭记并发扬中朝两国人民和军队用鲜血凝成的伟大战斗友谊。烈士们，你们安息吧，你们的功绩与山河同在，日月同辉！"

酹酒、敬烟、焚香后，我们全体访问团和摄制组成员在松骨峰山顶的微风中齐唱志愿军战歌：雄赳赳，气昂昂，跨过鸭绿江。保和平，卫祖国，就是保家乡……

捧起松骨峰上的砂石土，捡起烧得焦黑的石块，放入行囊之中。

我要把它带回祖国，带给那支声名赫赫、生生不息的英雄部队，永远珍藏。这里的一砂一石、一草一木都见证了 335 团 1 营 3 连战士们惊天地、泣鬼神的英雄壮举。这里的泥土中仍能找到微小的弹片，它依然浸润着烈士们的鲜血。捧起地上的砂石土，我像捧起了战士们那熟睡的脸庞，砂石中混杂着松针、青草，就像战士们可爱的脸庞上被硝烟熏黑的斑痕，那么亲切，那么熟悉……

走下松骨峰，回首再望，夕阳已西下，一抹金色的阳光洒在山岗上，松骨峰那么安详。山脚下的农家屋顶已有炊烟升起，他们可曾知道，今天的和平生活，是 60 多年前中朝两国人民并肩战斗、用鲜血和生命换来的。今天这片丰收的土地，曾被志愿军战士们用鲜血染红。

那场战争已经远去，但志愿军烈士们所锻造的抗美援朝精神却永远保存了下来，这就是：祖国和人民利益高于一切、为了祖国和民族的尊严而奋不顾身的爱国主义精神；英勇顽强、舍生忘死的革命英雄主义精神；不畏艰难困苦、始终保持高昂士气的革命乐观主义精神；为完成祖国和人民赋予的使命、慷慨奉献自己一切的革命忠诚精神，以及为了人类和平与正义事业而奋斗的国际主义精神。这种精神已成为中国共产党人和人民军队崇高风范的生动写照，成为中华民族传统美德和民族品格的时代内涵，成为以爱国主义为核心的民族精神的具体体现，并将为实现强军梦、强国梦提供源源不竭的精神动力。

登车返程，向我们挥手告别的当地朝鲜民众一直在山脚下伫立，有白发苍苍的老人，也有系着红领巾的少年。松骨峰正慢慢在我们视线中变小、消失，而我心中却有另外一座精神的松骨峰拔地而起，它是那么清晰，那么亲切，那么挺拔，那么雄伟……

2013 年 10 月于北京

第一集　决策出兵

导语

　　"鸭绿江"，一条闻名世界的河流，发源于长白山南麓，流经长白、临江市、宽甸、丹东等地，沿中朝边界流向西南，现为中国和朝鲜的界河。千百年来，因其独特的自然风貌和人文气息，逐渐为人们所熟知。而上个世纪五十年代初爆发的一场惨烈战争，使她真正闻名于世。

　　1950 年 10 月 19 日，中国人民志愿军开始陆续跨过这条界河，踏上异国土地，开启了抗美援朝的伟大篇章。

　　时任第 42 军第 370 团政治处宣传股干事，于永波："朝鲜战争爆发后，9、10月份麦克阿瑟他当时的口号就是到鸭绿江边过圣诞节，用鸭绿江的水饮战马，那个时候我们一般干部已经意识到了，这场战争非打不可，不是你想打不想打，愿打不愿打的问题，敌人逼上门来了，他逼着我们非打不可。在这种情况下，我们两条选择，一条就是迎战，敌人来挑战我们迎战，要不你怎么办？任人宰割？或者投降？能这样干吗？所以这场战争，是敌人逼着我们非打不可。"

　　时任第 27 军第 79 师第 235 团 3 营教员，已 84 岁的迟浩田回忆说："这场战争是正义和邪恶的斗争，是正义的胜利，邪恶的失败。打出了国威和军威，新中国的基础奠定了，没有这场战争，也不会有六十年的和平。"

　　现任军事科学院原军史部副部长，齐德学少将："抗美援朝战争，中华人民共和国的国际地位大大提高。中华民族的自尊心、自信心大大提高。"

　　刚刚建国仅一年、新中国尚有许多迫在眉睫的工作去开展，为何要参与这场并不是发生在本土、局势又错综复杂的激烈战争？是怎样的原因促使着新中国的领导人最终定下出兵援朝的决策？

【解说】

1950 年 6 月 25 日，美国时间，星期六，时任美国总统的杜鲁门正在他的老家密苏里享受周末假期，晚饭后，电话响了，是国务卿艾奇逊打来的。第二天杜鲁门匆匆地登上了飞往华盛顿的专机，两名随行人员仅仅晚到了几分钟，总统便将他们留在了跑道上。

中国的毛泽东没有周末的概念。这一天，在中南海处理完公务的毛泽东走出房间，在院子里散步。刚走几步，身后的卫士便告诉他，周恩来总理打来电话。接完电话后，毛泽东陷入了深思。

毛泽东与杜鲁门从电话里知道的同一消息：朝鲜战争爆发。

【解说】

朝鲜半岛位于亚洲东部，东北与俄罗斯相连，西北与中国相接，东南隔朝鲜海峡与日本相望。西、南、东分别被黄海、朝鲜海峡、日本海环绕。朝鲜半岛是朝鲜民族祖先的居住地，并先后建立过多个王朝。

19 世纪末 20 世纪初，朝鲜半岛在帝国列强觊觎与瓜分的动荡时局下，失去了往日的安宁。1896 年，俄国和日本为争夺对朝鲜半岛的统治权而交战，战争的结果是双方划定了各自的势力范围。1904 年日俄战争后，日本彻底控制朝鲜。1910 年 8 月，日本正式吞并朝鲜半岛，并设立朝鲜总督府，朝鲜半岛沦为了日本的殖民地。第二次世界大战期间，日本又将朝鲜变成了日本领土的一部分，归自治省管辖。

1943 年，世界反法西斯战争各主要战场的形势，发生了根本转折，盟国取得了战略进攻的主动权。同年 12 月 1 日，在美国、英国、中国联合发表的《开罗宣言》中，对朝鲜问题表示了这样的态度："我三大盟国轸念朝鲜人民所受之奴役待遇，决定在相当的时期，使朝鲜自由独立"。

1945 年 7 月 17 日至 8 月 2 日，苏联部长会议主席斯大林、美国总统杜鲁门、英国首相丘吉尔（后为克莱门特·艾德礼）及三国外长，在柏林西南的波茨坦举行的会议，为了促使苏联对日作战，罗斯福和丘吉尔同意了苏联提出的条件，即外蒙古独立，库页岛南部及邻近岛屿交还苏联，大连商港国际化，苏联租用旅顺港为海军基地，苏、中共同经营中东铁路和南满铁路，千岛群岛交予苏联。1945 年 8 月 8 日苏联对日宣战，9 日，苏联军队迅速进入朝鲜北半部。8 月 6 日和 9 日，美国在日本广岛和长崎先后投掷两颗原子弹，10 日，日本内阁决定无条件投降。

【同期声】中央党校战略研究所教授　张琏瑰

苏联军队进入朝鲜，这时候美国国内就发生了激烈的争执，美国官方、军方和国务院的官员都意识到，朝鲜半岛在东北亚这个地区，占领位置非常重要。现在苏联军队对日本宣战以后，已经迅速的进入了朝鲜北半部。这样呢，美国的军方和特别是国务院就提出来，一定要美国军队在朝鲜半岛登陆，要抢占朝鲜半岛。

【解说】

日本内阁决定无条件投降和苏联红军的迅捷让美国人十分不安，美国五角大楼紧急磋商如何保护美国在远东的利益。

【同期声】中央党校战略研究所教授　张琏瑰

　　国务院的官员从国家战略角度来考虑，一定要让美国兵在南朝鲜登陆。但是，军方这时候表示做不到这一点。为什么呢？当时美国军队正在太平洋沿岸所罗门群岛这一带和日本进行激战，根本不可能分出兵力来在南朝鲜登陆。美国军方讲，能不能划一条界线，分兵占领朝鲜。

【解说】

　　国防部长助理让迪安和另一位上校参谋"在30分钟之内搞出"一个"既能满足美国的政治意愿，又符合军事现状的折衷方案"。

【同期声】中央党校战略研究所教授　张琏瑰

　　里斯克墙上办公室有一张朝鲜半岛地图，他灵机一动就以三八线为界，把朝鲜半岛分成两部分。杜鲁门给斯大林拍来电报，提出咱们以三十八度线为界，分兵占领朝鲜。结果他没想到，斯大林第二天就回电报说同意。

【解说】

　　由于美、苏两国在朝鲜问题上的妥协，以三八线为界将统一的半岛分为南、北两部分，美国军队占领朝鲜南方接受日军投降，苏联军队占领北方接受日军投降。朝鲜人民刚刚挣脱了日本的奴役，又开始陷入南北分裂的状态，从此埋下了朝鲜战争爆发的祸根。

　　北纬三十八度线横跨朝鲜国土的长度约为250多公里。它从不同角度分割了这个国家数座山脉，截断了12条河流、200多条乡村道路、8条等级公路和6条铁路。

　　1948年8月和9月，在"美、苏"的授意下，朝鲜半岛南北两边先后成立大韩民国政府和朝鲜民主主义人民共和国。75 岁的李承晚和 36 岁的金日成成为这两个政权的领导人。同年 10 月，苏联把三八线以北的行政权移交朝鲜人民，到 12 月苏联军队全部撤离朝鲜。半年以后，美军也宣布从南部撤军，但留下了文官和"军事顾问团"以及大量的美式武器装备，并帮助李承晚训练了约 5 万人的部队。

至此，在朝鲜半岛上出现了两个意识形态截然对立的政权。美国驻南朝鲜大使约翰穆乔说："战争是迟早的事，说不定就在哪天早上。"

在美国人的实际援助下，李承晚依然毫不掩饰他将"北进统一"朝鲜的企图。他一次次拒绝北朝鲜和平解决朝鲜问题的建议，并扬言"南北分裂是必须用战争来解决的"。

【同期声】中央党校战略研究所教授　张琏瑰

三八线上发生的大大小小的武装冲突，能达到 1000 多次，到 1949 年的时候，这个南北之间这种军事冲突，越演越烈。

【解说】

1950 年 6 月 25 日 4 点 40 分，朝鲜为实现国家统一的大规模战争爆发。朝鲜战争爆发的当天傍晚，华盛顿的官员聚集在布莱尔大厦内，美国参谋长联席会议主席布莱德雷说："我们必须与共产主义阵营划线而治，而朝鲜半岛不失为一个合适的地点。"杜鲁门表示完全支持，美国政府的态度就在这一刻尘埃落定。

6 月 27 日下午 15 时，在苏联代表缺席会议的情况下，由美国操纵下的联合国安理会通过了一项以联合国名义公然干涉一个国家内战的提案。

【同期声】军事科学院原军史部副部长　齐德学　少将

美国出兵武装干涉朝鲜的同时，它就派海军第七舰队进入了台湾海峡。空军派驻到台湾岛上。

【解说】

虽然退守台湾的蒋介石在听到杜鲁门声称"台湾地位未定"这句话时，心里并不是滋味，但在指示"外交部"发表了一个"保证中国主权完整"的声明后，蒋介石终究还是掩饰不住对朝鲜爆发战争的欣喜若狂，"反攻大陆"有希望了。

7月31日，麦克阿瑟率十六名高级官员组成的代表团抵达台湾，蒋介石亲自迎接。麦克阿瑟到来，一项最重要的任务是前来考察台湾的防务和国民党军队的实力。

美国人的无理行径引起了新中国领导人的强烈反应。1950年6月28日，毛泽东发表讲话，号召"全国和全世界的人民团结起来，进行充分的准备，打败美帝国主义的任何挑衅。"同日，周恩来代表中国政府发表声明，强烈谴责美国侵略朝鲜、台湾及干涉亚洲事务的罪行。

【解说】

6月26日美国决定全面介入朝鲜战争，6月30日中国颁布了《中华人民共和国土地改革法》，一场具有全国规模的群众运动轰轰烈烈地展开了。也在这一天，为减轻国家的经济困难，加强建设力量，中央复员委员会按照预定计划下达了由毛泽东和周恩来共同签署的《关于1950年复员工作的决定》，开始了建国后规模最大的一次复员工作，计划至1950年10月，复员150万人，全军员额降至400万左右。

在新中国的国防部署中，最靠近朝鲜的东北当时还处于战略大后方的地位，东北军区成建制的部队只有 6 个警备师和部分地方部队，仅有的一个军级建制还是从第四野战军中北调到黑龙江兴安岭下执行中央屯垦任务的 42 军。

【同期声】时任志愿军第 42 军军政治部干事　武际良

1950 年 1 月份路过北京的时候，朱总司令，就把我们军长叫到中南海去，跟他谈话，就是布置这些任务，你们就叫屯垦戍边，你们是解放军里第一个去参加生产的部队。朱总司令就交代了，就讲，说你们到那儿去，不要解甲归田了，认为当农民了，说全国还没全解放嘛，说需要粮食，建设国家需要粮食，你们到那儿去搞这个工作很有意义，另外呢，特别讲了一条，说现在帝国主义还在，随时准备去打仗，不要因为这个生产了，就刀枪入库、马放南山了。

【同期声】时任第 42 军第 370 团政治处宣传股干事　于永波

42 军，实际上就变成生产建设军团了，所以我们到了齐齐哈尔北安以后，就动员搞大生产，经过简短的动员之后，就是枪刀入库，马放南山，枪都集中保管，手里都没有枪。安营扎寨搞生产，因为咱们国家刚刚大的战役刚结束，正在恢复时期，没多久我们部队就整个部队散开了，就干什么都有了，你像我们师有干什么的，有种地的，我在肇东种过地，在吉林的这个神树伐过木。

【同期声】时任第 42 军第 124 师第 371 团作战参谋　于海泉

那个时候，一天光是到地里怎么去搞生产，到秋后怎么样能向国家多交点粮食，想这个多。因为我们的部队是从四川回来的，我们进到外县之后，就进到了黑龙江。

【同期声】时任志愿军第 42 军军政治部干事　武际良

那时候全是靠人拉犁，马拉犁，就这样那么干的，一直到 6 月份，我们出的苗都那么长了嘛，种的大豆啊、高粱啊。

【同期声】时任第 42 军第 370 团政治处宣传股干事　于永波

眼看的长的非常好，在这个时候，很快就动员 42 军，也没说出国，就动员，收兵回营，地也不种了。

【解说】

6 月 29 日中午，东北局书记兼东北军区司令员高岗派秘书给 42 军军长吴瑞林送来亲笔信：吴瑞林同志，即来军区面谈，高岗。见面后，高岗对吴瑞林说："中共中央、中央军委命令 42 军七至十天内集结于通化、梅河口一线整装待命"。

【同期声】时任志愿军第 42 军军政治部干事　武际良

7 月份就把我们拉到鸭绿江边上去了，我们去的是最早。

【同期声】时任第 42 军第 370 团政治处宣传股干事　于永波

简单的动员就坐火车，开到通化柳河，我们师部住三原浦，我们团住小屯沟。

【同期声】时任第 42 军第 125 师政治部文印组文印员　单振九

我们 125 师住的四道江，在那地方就是集训备战，做战前动员。

【同期声】时任第 42 军第 370 团政治处宣传股干事　于永波

到了这个通化柳河之后，战士高兴了，为什么呢？大米、白面，东北话讲可劲造了，猪肉天天都是。我们进行了三视教育。仇视、蔑视、藐视，毛主席说的，美帝国主义和一些反动派都是纸老虎，进行这个教育。抗美援朝保家卫国就记住了。进一步讲，我们和朝鲜同饮一江水，山水相连，唇齿相依，唇亡齿寒。

【解说】

1950 年 7 月 5 日，在南朝鲜的乌山，美军的地面部队参加了第一场对朝鲜人民军的战斗。麦克阿瑟原以为只要美军象征性地一出现，朝鲜人民军就会惊慌失措。25 年后，1975 年在日本出版的《时代》周刊曾对此役给予了这样的描述："美军在撤退时，只带走了伤员，给战死者盖上星条旗就不管了。"在第二次世界大战中树立起来的美国军队不可战胜的神话，在远东一个叫乌山的角落被迅速地粉碎了。

参战的美国军队，在初战中并没有显示出强大的战斗力，并且距离中朝边界还有近 1000 多公里，但是，新中国的领导人们已在未雨绸缪了。

【同期声】军事科学院原军史部副部长　齐德学　少将

7 月 7 号，就是朝鲜内战爆发不到两个礼拜吧，13 天。我们就由毛主席指示、由周恩来主持，召开讨论保卫国防的会议。7 月 7 号参加会议的人，当时军委各总部的主要负责人，还有其他有关负责人参加。

【解说】

7 月 13 日，中央军委做出了《关于保卫东北边防的决定》，做出了一个极其重要的、在日后看来极有远见的部署。

【同期声】时任第 42 军第 124 师政治部宣传股长　李维英

中央军委命令成立东北边防军，抽调了四野的主力，13 兵团的 38、39、40 军，和已经在东北的 42 军，四个军，进驻中朝边界。

【同期声】时任第 40 军第 118 师政治部主任　刘振华

1950 年 5 月 1 日，海南全部解放。参加海南解放的祝捷大会，我们到广州就听说了，就是朝鲜战争爆发了，就不去河南了，就从广州坐火车，直达丹东。

【解说】

之所以选中第 13 兵团，重要的原因是几个月前第 13 兵团作为国防机动部队，将它们部署在中国腹部可随时调动的中原地区。这支原第四野战军的主力兵团中，官兵以东北人居多，能够适应寒冷地区的作战，且对东北地区的地形很熟悉，作战勇敢。

第 13 兵团领导班子的配备也让毛泽东颇费心思，经中央军委反复研究，"临阵换将"，任命第 15 兵团司令员邓华为第 13 兵团司令员，赖传珠为政治委员，洪学智为第一副司令员，韩先楚为副司令员，解沛然（解方）为参谋长，杜平为政治部主任。

同时还将最精锐的炮兵第 1、第 2、第 8 师，及 4 个高炮团、3 个汽车团、两个工兵团等，与第 13 兵团一起，共约 26 万大军在中朝边境布防，以防不测。

由于军情紧急，时年 40 岁的邓华，只能与即将分娩的妻子匆匆告别。临别时，邓华对妻子说："瓦罐难免井上碎，将军难免阵上亡"，之后便登上了北去的列车。

【同期声】志愿军司令部电台队队长　杨雨田

为了要掩盖我们部队的调动这样的一个动向，就把这个十五兵团的番号仍旧留在广州，不动。因为我们靠香港很近，因为香港搞情报的人很多，你稍微一变化，人家就知道了，邓司令带领我们机关的原班人马入朝。

【解说】

在中国人民解放军接到向北开赴的命令时，用政治部主任杜平的话说，"有一个转弯子的过程"。在朝鲜战争爆发前的6月6日，中央军委根据毛泽东的指示，决定在解放军中开展复员工作。政治部门为此花费了极大的耐心和精力才使部队的复员工作开展起来。现在，复员工作由于形势的变化必须立即停止，而留队就意味着可能再次投入战争。

【同期声】时任炮兵第1师26团5连指导员　麻扶摇

作为一个战士，他知道这和平来得不易，一旦和平要遭到破坏，他还可以义无反顾的保卫和平，但是他思想得转弯，转不过来这个弯，情绪振奋不起来。第一个弯子从战斗队转为生产队，那个弯子好转，这一个命令从生产队马上又变成政治部队，这个弯子就比较难转一些了。

【解说】

驻扎在河南的第38军、第39军当前的中心任务也是大生产。这支亦兵亦农的部队，把作战武器收藏起来，在成片荒凉的土地上播下种子，如今，官兵们脚下的大地上已经长出了一望无际的好庄稼。就在这时，部队接到了北上的命令。命令中还写明：将房子、庄稼、生产工具等一切与作战无关的生活设施向地方政府完整地移交。政治部主任杜平后来回忆道："正是西瓜丰收的季节，我们坐上了北去的列车。临行前，我围着刚打起地基的营房默默地转了一圈，又驱车去郊外农场看了我们一锹一镐开出的土地，谷子正在抽穗，玉米正在吐缨，高粱正在灌浆……"

【同期声】时任第 66 军第 197 师电台报务员　赵启礼

晚上点名，就动员第二天割稻子，我是报务员嘛，就收到一封电报，很短，紧急电报，实际上就是部队停止生产，就是这么一个短信。那天晚上，我接着连收了五封电报，整个这个师的行动部署啊全部都下来了，就是到哪里去，怎么走。第二天清早，我们部队就开到了军粮城火车站，就在这上火车。

【同期声】时任炮兵第 1 师第 26 团 5 连指导员　麻扶摇

我作为指导员，我都不知道到什么地方去，上火车就晓得了。临走的时候跟老乡告别，许多战士回头看看我们用汗水浇灌的黑土地，绿油油的大豆田，许多人眼睛湿了。

【解说】

1950 年 7 月 7 日，美国操纵联合国安理会通过了由美国拟定的"关于设立联合司令部以统一指挥联合国各国参战部队"的提案，并由美国派出司令官，第二天杜鲁门正式任命麦克阿瑟为"联合国军"总司令。

自联合国成立以来，第一支打着"联合国军"旗号的部队诞生了。但此时，朝鲜半岛的战局对于"联合国军"来说，却是十分不利。至 8 月 20 日，朝鲜人民军解放了朝鲜南部百分之九十以上的土地，控制区人口占全国百分之九十二以上，并将"联合国军"压缩在了釜山境内的一个极有限的空间内。

8月27日，美国侵略朝鲜的空军飞机，先后以5批13架次侵入我国领空，扫射中国东北边境地区的辑安（今集安）、安东（今丹东）等地的火车站、机场等。29日以后，美国侵朝空军的飞机不断继续侵入中国领空，对中国城乡进行轰炸扫射，中国边境人民遭到杀伤，财产遭到破坏。对此，周恩来外长代表中华人民共和国政府向美国提出了严正的抗议。

9月10日，美军和南朝鲜军在釜山防御圈组织强大的反攻，朝鲜人民军被迫转入全线防御，整个洛东江战线进入了艰苦的胶着状态。同时，一个令朝鲜人民军遭受毁灭性打击的行动此刻正在酝酿策划中。

【解说】

麦克阿瑟，美国五星上将，曾任美国陆军史上最年轻的西点军校校长，战功卓著。在"二战"中多次成功指挥两栖登陆作战的麦克阿瑟，此时正在筹划一个震惊世界的军事行动——仁川登陆。

仁川，是汉城附近的港口，航道狭窄，满潮期只有两、三个小时。有着由巨大的海潮落差而形成的宽达24公里的淤泥，是"世界上最不宜进行登陆作战的港口之一"。麦克阿瑟的登陆计划一经提出，即受到美国参谋长联席会议多数决策人的强烈反对，麦克阿瑟力排众议，最终，仁川登陆计划获准。

9月15日凌晨，麦克阿瑟集中美第10军指挥的两个师，在260余艘舰艇和近500架飞机的支援配合下，在距汉城30公里的朝鲜西海岸仁川港，实施了大规模的登陆进攻。占领仁川后，兵分两路，以美陆战第1师向东攻打汉城，以美步兵第7师向南进攻，截断在洛东江一线的朝鲜人民军主力的后路。与此同时，在洛东江一线的美第 8 集团军司令官沃尔顿·沃克指挥的美军 4 个师和南朝鲜军 6 个师，也于 16 日发起反击。致使朝鲜人民军腹背受敌，被迫组织战略退却。朝鲜战争形势陡然发生了逆转。9 月 23 日，金日成下达了全线撤退的命令。然而，为时已晚，七万多人民军撤退到三八线以北的不足三万人，重武器全部丢失。

【同期声】时任第 42 军第 124 师政治部宣传股长　李维英

周总理提出来警告，（美军）无论如何不能越过三八线，越过三八线我们不能置之不理，就是已经表明我们的态度。

【同期声】时任志愿军司令部作战处作战科科长　孟照辉　83 岁

他（麦克阿瑟）认为这都是外交辞令，外交上下的一盘棋子，他根本不理睬，所以照样过来了，越过三八线，照样向鸭绿江前面挺进。在这种情况下，周总理还召见了印度大使，跟印度他们讲，我们要管，你过三八线我们就要管。

【解说】

印度驻华大使潘尼迦曾隐晦地提醒中国领导人，如果介入朝鲜战争，"中国的工业将遭受破坏"，"中国的建设将拖后十年"，而时任代总参谋长聂荣臻的回答是："一旦战争起来了，我们除了起而抵抗之外，是别无他途可寻的。"9 月 30 日，周恩来总理在庆祝中华人民共和国建国一周年的报告中严正警告美国当局："中国人民热爱和平，但是为了保卫和平，从不也永不害怕反抗侵略战争，也不能听任帝国主义者对自己的邻人肆行侵略而置之不理。"

美国政府认为周恩来的警告，不过是虚张声势，是苏联和中国为了挽救北朝鲜政权进行外交斗争的一部分，是对联合国即将决议联合国军在北朝鲜行动的恫吓。美国中央情报局的专家，也向白宫报告称："没有令人信服的证据表明，中国真的打算干涉朝鲜……。从军事上看，干涉朝鲜的最好时机已经过去"。美国军界认为，无论苏联或中共，"干涉朝鲜"都要冒世界大战的风险，苏联没有做好冒这种风险的准备，中共在军事上不具备单独"干涉"的能力。10月1日，南朝鲜第一批部队越过"三八线"。10月7日，美军大举越过三八线北进。同一天美国操纵联合国大会，通过了所谓"统一朝鲜"的决议，使美国军队在三八线以北的侵略行动，取得了形式上的"合法化"。

10月15日，麦克阿瑟和杜鲁门在威克岛秘密会谈。麦克阿瑟肯定地告诉杜鲁门：从军事上估计，任何一个中国军事指挥官都不会冒这样大的风险把兵力投入到已被破坏殆尽的朝鲜半岛。

【解说】

美国军队大举向三八线以北进攻，朝鲜民主主义人民共和国处境危急，中国大陆的安全受到了严重的威胁。战火已经烧到了中国的大门口。10月1日，朝鲜领导人紧急约见了中国驻朝大使，请求中国出兵援朝，这是朝鲜方面第一次正式向中国提出请求出兵援朝。

金日成致函毛泽东："在目前敌人趁着我们严重的危急，不予我们时间，如果继续进攻三八线以北地区，则只靠我们自己的力量，是难以克服此危急的。因此，我们不得不请求您给予我们以特别的援助，即在敌人进攻三八线以北地区的情况下，极盼望中国人民解放军直接出动援助我军作战！"

【同期声】军事科学院原军史部副部长　齐德学　少将

胡乔木在回忆录里写这么一句话，他说我在毛主席身边工作了20多年。在我的记忆当中，毛泽东有两件事下决心是非常难的。其中一件事就是出兵抗美援朝问题。

【解说】

1950年10月1日，新中国成立一周年的国庆日，上午10时，毛泽东主席和几十万群众一起观看盛大的阅兵式。入夜，广场上的人民载歌载舞，欢乐的场面延续到了深夜。这一天，大部分中国人还无法想象，一个巨大的战争阴影正向他们笼罩而来。

【同期声】军事科学院原军史部副部长　齐德学　少将

当时我们新中国刚刚成立一年，面对我们国家的状态是千疮百孔、百废待兴。这个时候大陆的西藏和沿海的台湾等岛屿，还都没解放。另外已经遭受几十年战争破坏的国民经济没有恢复。

【解说】

天安门夜空的焰火还未熄灭，中南海颐年堂里的气氛却严肃紧张起来。毛泽东亲自主持了中央书记处会议，对朝鲜半岛目前的局势进行了认真的分析讨论。毛泽东提出："朝鲜的形势已如此严重，现在不是出兵不出兵的问题，而是马上就要出兵，早一天和晚一天出兵对整个战局极为重要。今天先讨论两个迫切的问题，一是出兵时间，二是谁来挂帅。"

【同期声】时任彭德怀军事秘书　杨凤安　89岁

因为38、39、40军原来是林彪指挥的部队，所以毛主席跟他（林彪）透露了一下。林彪说他有病，需要到苏联去治疗，他不能担任这个职务。

【解说】

鉴于当时林彪无法出任东北边防军总指挥，会议达成立即让彭德怀进京商议的决定。而最后是否出兵参战，决定于 10 月 4 日召开政治局扩大会议再进行讨论。

10 月 4 日，时任西北军政委员会主席的彭德怀，正在召开研究大西北经济建设发展的会议。中央派飞机专程接彭德怀进京参加会议。此时，彭德怀并不十分清楚中央正在召开会议的议题，他抱着一大堆关于西北大开发的图纸，带着具有搞地方建设丰富经验的秘书张养吾登上了专机。然而，令彭德怀没有料到的是，从此他将告别古都西安，走上战火纷飞的朝鲜战场。

由于天气恶劣，飞机难以正常降落，彭德怀于当日下午 4 时才赶到中南海，而会议已于 3 时召开。彭德怀赶到时发现"会议的气氛很不寻常"。

【同期声】时任彭德怀军事秘书　杨凤安　89 岁

彭老总到了会场，坐在高岗旁边就问高岗，说怎么大家还开会？不是抗美援朝现在已经定了还讨论什么，高岗说有不同的意见。所以大家都在说不同意见，所以彭老总光听没有发言。

【解说】

在这次会议上，分歧意见很大。反对出兵的理由是：新中国急切需要的是医治战争留下的创伤，同时，中国的全境还没有完全解放，更重要的是，我们与对手美国在国力和军力对比上，相差甚远。

【同期声】时任彭德怀军事秘书　杨凤安　89岁

多数人员不同意出兵，因为什么呢？我们国家刚刚胜利，百废待兴，新解放的地区土改没完成，国民党一些散兵和土匪勾结起来，在新的解放区活动很猖獗，所以他们不主张出兵，再一个什么问题呢，我们出兵所针对的是武装到牙齿上的美帝国主义，在武器装备上非常悬殊，打起来以后可能引起美国轰炸我们重要军事基地，引火烧身。

【同期声】时任东北边防军第十三兵团副司令员　洪学智

另外，遇到敌人呢，这个现代化装备优势，强大的空军、海军，陆军机械化装备，又是第二次世界大战胜利者，不可一世的军队，世界最强的吧。

【解说】

会后，毛泽东给彭德怀一夜的时间考虑。10月5日上午，毛泽东派邓小平把彭德怀接到中南海，希望听听他的个人意见。

【同期声】时任彭德怀军事秘书　杨凤安　89岁

两个人吃饭，边吃边谈，彭老总只说了一句话"打"。毛主席一听，他说谁来挂帅？是不是你彭总来挂帅？彭老总说，我服从决定！

【解说】

当天下午，在继续召开的政治局扩大会议上，统一了认识，无论从朝鲜需要得到中国援助的角度，还是从唇亡齿寒的角度，中国都应出兵援朝。

【同期声】时任彭德怀军事秘书　杨凤安　89岁

彭老总在这个会议上他就发言，他首先说，出兵朝鲜是必要的，打烂了，等于我们解放战争晚胜利几年就是了，否则如果让美国占领了整个朝鲜，将来的问题更复杂，他讲这个问题，美国军队摆在鸭绿江畔和台湾，如果他想侵略，随时都可以找到借口，所以他就说了，与其晚打不如早打，打烂了我们再建设。

【解说】

毛泽东提议由彭德怀率领部队入朝，协助朝鲜人民军抗击敌人。与会的人员相继走到彭德怀面前与他握手。彭德怀出兵朝鲜的使命就这样确定了。

【同期声】时任彭德怀军事秘书　杨凤安　89岁

所以毛主席在10月8号发布了抗美援朝的命令，任命彭德怀任志愿军司令员兼政治委员，13兵团东北边防军就改称为志愿军。

【同期声】志愿军第一副司令员　洪学智

彭德怀在我们那个军队讲，有很高的威信，另外他有丰富的指挥才能，指挥西北野战军打了不少胜仗。

【解说】

彭德怀，时任中央军委副主席，在全军中有着崇高的威信，有丰富的战争指挥经验。抗日战争时期，指挥过著名的百团大战；解放战争时期，在西北战场艰苦的条件下，以劣势胜优势，打败了胡宗南。时年52岁的彭德怀，长期的战争生涯令他的身体患上不少的疾病，而他又将面临着一场极其艰难、惨烈的战争，这场战争的强劲对手是以美国为首的拥有现代化武器装备所谓的"联合国军"。

10月9日，辽宁宾馆会议厅，20多位军级以上干部聆听彭德怀的报告："我彭德怀本事不大，确实是廖化当先锋啰！中国生，朝鲜死，朝鲜埋，光荣之至！"并宣布命令："所有参战部队，从现在起，十天内做好一切出国作战的准备！"

【同期声】军事科学院原军史部副部长　齐德学　少将

如果我们出兵援朝，那么当时我们的国力，能不能够支撑这场战争，就是我们军队的装备，到朝鲜去打仗，能不能打胜。如果打不胜，甚至被打回来，那么国内的社会会不会稳定。国民经济的恢复，能不能按计划进行，这些都是实际问题。

【解说】

10月5日，中央作出抗美援朝，保家卫国的战略决策。10月8日，毛泽东签署了组成中国人民志愿军的命令，命令东北边防军改为中国人民志愿军，"迅即向朝鲜境内出动，协同朝鲜同志向侵略者作战并争取光荣的胜利。"并将这一决定迅速通报给了金日成。

中国出兵抗美援朝的决策，同时派周恩来向苏联政府予以了通报。早在中国组建东北边防军时，斯大林就曾允诺，一旦东北边防军以志愿军名义出动到朝鲜作战时，苏联"将尽力为这些部队提供空中掩护"。此时的斯大林却答复苏联空军目前尚未准备好，两个月至两个半月不能出动，即使苏联空军出动也不能到朝鲜境内作战，只在鸭绿江北岸中国境内帮助中国防空。但同意为中国志愿军提供武器装备援助。

【解说】

斯大林的态度令形势发生了重大变化。10月12日，毛泽东急电彭德怀。彭高、邓洪韩解：（一）10月9日命令暂不执行；（二）请高岗德怀二同志明日或后日来京一谈。10月13日，彭德怀赶到中南海丰泽园。

这场会谈一直持续到深夜，经过与彭德怀和其他政治局领导的反复商讨，毛泽东以伟大政治家、军事家的非凡气度，毅然决然地最后作出了历史性的决策：不管有没有苏联空军支援，我们仍按照原计划出兵援朝。

10月13日，毛泽东将政治局讨论的结果电告在莫斯科的周恩来并转告斯大林："……我们采取上述积极政策，对中国、对朝鲜、对东方、对世界都极为有利；……总之，我们认为应当参战，必须参战。参战利益极大，不参战损害极大。"

【同期声】时任第27军第79师第235团3营教导员　迟浩田　84岁

我们是忍无可忍、言无可言，被迫参与的这场战争，当时那个杜鲁门，当时那个杜勒斯，当时美国这个远东司令麦克阿瑟十分嚣张，要准备在圣诞节结束这场战争。

【解说】

从10月8日决定出兵到10月19日志愿军出国完成作战准备，总共12天的时间里，彭德怀三次奔波于北京、沈阳、安东（丹东），准备工作千头万绪，调整作战部署，把战略决策"先站稳脚"改变为在"运动中歼敌"，从而奠定了志愿军入朝旗开得胜的基础。

从1950年10月8日起，一个在新中国历史中特殊的军事名词——"中国人民志愿军"诞生了，它在以后的日子里将被全世界所关注，并最终成为坚强、不屈、勇敢的代名词，永远铭刻在世界战争史中。

第二集　首战告捷

导语

平壤，朝鲜民主主义人民共和国的首都，一座具有三千多年历史的文明古城。63 年前，密集的轰炸机群，曾经呼啸着飞过平壤的上空，疯狂投下 42 万 8 千枚炸弹。1950 年 10 月 20 日，以美国为首的"联合国军"占领平壤。站在这片满目疮痍的土地上，一位美国指挥官感慨到：这片巨大的废墟，即使再过 100 年也难以恢复。

10 月 25 日，"联合国军"总司令道格拉斯·麦克阿瑟，以胜利者的姿态在平壤机场举行阅兵式。10 天前，他与美国总统杜鲁门在威克岛会晤时曾断言："中共不可能出兵朝鲜！"

【解说】

集安市，位于吉林省东南部，与朝鲜民主主义人民共和国隔鸭绿江相望，是我国对朝三大口岸之一。1950 年 10 月 16 日晚，中国人民志愿军第 13 兵团第 42 军先头部队，由副师长肖剑飞率领，从集安秘密渡过了鸭绿江。这支最早入朝的志愿军先遣队过江的地点，由第 42 军军长吴瑞林亲自选定。

【同期声】志愿军第 42 军军政治部干事　武际良（80 岁）

搭的浮桥，后来说这个浮桥的水很深，就那个（吴）瘸子军长，他就挽起裤子来就到江里头去蹚，哪个地方最浅，我们从哪里过，在上游他找到一个地方，就铺了很多石条，白天美国飞机看不见，因为在水下嘛，但实际水下垫上（石条），水蹚着也就不到膝盖这么深。夜晚的时候我们就可以过江了。

【同期声】第 42 军第 124 师第 370 团组织干事　刘延珠（85 岁）

10 月 16 号的晚上，就过了集安的大桥，赶到下半夜就到了满浦，隔江就是满浦。

【解说】

先遣队肩负的任务是：深入朝鲜境内 30 公里，进行先期侦察，为后续大部队开辟通道。10 月 19 日晚，中国人民志愿军首批秘密入朝的第 13 兵团第 38、第 39、第 40、第 42 四个军，冒着绵绵细雨，分别从中朝边境的安东、长甸河口及集安渡口，陆续跨过鸭绿江，总兵力达到 25.5 万人。

【同期声】第 42 军第 125 师第 375 团工宣队队员　雷鸣（79 岁）

我们这个团，一直到了江边，大家很高兴，鸭绿江水很干净，捧一捧水来喝一喝，大家喝了说，这是壮行酒，很快就要告别祖国。我们有一个同志叫叶志秋，他写了一首诗给大家说："祖国啊，我最想再回头看你一眼"大概这个意思，大家非常地感动。

【同期声】第 40 军第 118 师保卫科侦察员　唐启荣（81 岁）

走到（鸭绿江）桥的中间，有一个 20 厘米白线，这就是中朝的国界，大家都知道说迈过这条线呢，就到了朝鲜，就离开我们祖国了。所以过了这条线以后呢，大家都情不自禁地，回头去看一看这个丹东，这个灯光灿烂（城市）。战士说，好像我们祖国母亲用眼睛送她的英雄儿女到朝鲜去作战。

【同期声】第 39 军第 116 师第 347 团政治处干事　李森（82 岁）

我，还有其他的坚决要求到朝鲜前线的女同志，不是一时冲动，我们当时的想法，就是要保卫新中国。因为都是夜里行军，白天都在山林里面了，我穿着和男同志一样的军装，两个辫子是塞在帽子里面的，就赴朝参战。

【解说】

　　为了更好地隐蔽接敌，志愿军入朝部队除掉衣服上所有的中文标识，有的则直接换上了朝鲜人民军的服装。没有军旗作前导，没有军歌壮声威，队伍怀揣着坚定的信仰悄然前行。从迈出国门的这一刻起，他们的命运就与一场即将发生在异国他乡的残酷战争直面邂逅。

【同期声】第 39 军第 116 师山炮营 3 连连长　黄云腾（85 岁）

　　我和指导员走在前边，我说伙计啊，他说怎么了？咱们要出国了，是。要出国了。要离开家了。谁都明白离开这个家，多少天能回来，不知道。我们两个人并排走在前面，大洋马老老实实跟着我走。我们迈的步啊，很沉重，很沉重。沉重什么，叫做责任重大。

【同期声】第 40 军第 118 师保卫科侦察员　唐启荣（81 岁）

　　那时候朝鲜人民军已经抵挡不了了，正在往鸭绿江边那边撤退，这时候我们志愿军出国，所以战士把它编成顺口溜说，美帝好比一把火，烧了朝鲜烧中国，中国邻居快救火，救朝鲜就是救中国。

【解说】

　　这首歌后来成为《中国人民志愿军战歌》，无数志愿军将士正是唱着这首歌，奔赴战场，浴血杀敌；这首歌也激励过国内的无数人民群众，投身于轰轰烈烈的"抗美援朝，保家卫国"的伟大事业当中。它的词作者，正是首批入朝士兵中的一员。

【同期声】炮第 1 师第 26 团 5 连指导员　麻扶摇（86 岁）

　　10 月 19 号入朝，在入朝前半个月，开誓师大会，写出征誓词，就是表决心吧。连里确定考虑身体不好的，大家信得过的留下来两个人，点到谁谁不干，坚决要上前线，我很受教育，总应该写点什么，这几天吃饭觉得也不太香，睡觉也睡不好，老在那儿琢磨，有一天晚上，他们都睡着了以后，（我）笔拿出来写"雄赳赳、气昂昂，横渡鸭绿江，保和平，为祖国，就是保家乡，中华好儿女，齐心团结紧，抗美援朝鲜，打败美帝野心狼。"

【解说】

　　一个月后，《人民日报》刊登了麻扶摇的这首"诗"，著名音乐家周巍峙看到后，仅用半个小时就谱出了曲子。《中国人民志愿军战歌》就这样在不经意间被创作了出来。

【同期声】作曲家　周巍峙（96 岁）

　　我是看这个词很好，简短有力嘛，内容还比较全面。看了马上很喜欢，就写出来了。上口要有劲，你写，雄赳赳、气昂昂，这样就不行，你慢了这个味道就不一样，雄赳赳、气昂昂，跨过鸭绿江。他就有劲儿，曲名，我原来是打败美帝野心狼，后来改成（中国人民）志愿军战歌。

【解说】

　　2013 年 3 月 2 日，摄制组在朝鲜咸镜南道长津湖地区寻访战场遗址，当年长津邑游击队员、时任第 20 军第 172 团杨根思部队向导的黄庆哲，曾和中国人民志愿军一起高唱过这首战歌。

【同期声】朝鲜原游击队队员　黄庆哲（76 岁）

（唱）雄赳赳、气昂昂，跨过鸭绿江，保和平，为祖国，就是保家乡，中华好儿女，齐心团结紧，抗美援朝，打败美帝野心狼。

【解说】

在志愿军渡江的当日，毛泽东就以中央军委主席的名义向中央各大区发电，特别强调出兵之事"几个月内，只做不说"。10月25、26日，志愿军第50军、第66军也紧随先遣部队入朝参战，几十万大军仅一周的时间就悄无声息地飞跨了鸭绿江。

【同期声】彭德怀军事秘书　杨凤安（89岁）

在战略上战役上，要绝对保密，要隐蔽，出兵的情况，新华社不能透露，光做不说，部队进入朝鲜的时候，要隐蔽开进，不走大路，走山间小路，无线电静默，晚上行进，一到拂晓之前得停下来，叫秘密接敌。所以这是最成功的一招。

【解说】

从踏上朝鲜土地的那一刻起，志愿军就被眼前的景象惊呆了。

【同期声】渡口司令部执法队指导员　刘绪国（85岁）

太惨了，在抗美援朝，到那儿去没有不掉眼泪的，现在我们回想起来也掉眼泪，太痛苦了，一看到朝鲜老百姓都爬过来，浑身是血啊。

【同期声】第38军第113师第337团8连副指导员　高天正（82岁）

一到满铺镇，火焰一片，到处都在燃烧，好多房子都垮了，倒塌了，好多老百姓都受伤了。一个连长在瓦砾里面看到一个小孩在那儿哭泣，没人管了，抱起来，好小的小孩，他把他抱起来了，把棉袄解开了，抱在怀里了。很多战士当时都哭啊，以后就明白了，什么叫抗美援朝，保家卫国，对抗美援朝的意义，通过过满铺那个地方，就有了一个深刻的认识。

【同期声】第 39 军第 116 师第 347 团宣传队队长　金振武（81 岁）

到新义州，所碰见的的就是朝鲜人民军往后撤，这见了我们就问，有没有这个飞机，我们说没有，有没有大炮，没有，坦克，没有，他就说了一句，现在印象深得，这就是朝鲜话，说（呀登拉哨）。呀登拉哨的意思呢，就是够呛。

【同期声】第 39 军司令部作战科　长左勇（88 岁）

我说你看我打胜仗，我们过去从来都是自己没有飞机，没有坦克，没有强大的炮兵，我们一样把敌人打垮，你看我们打。因为我们的步兵特别凶啊，可以跟敌人拼刺刀。

【解说】

为了尽早掌握全局，志愿军司令员彭德怀先于大部队一天，踏上了出国作战的征程。出发前他向邓华和洪学智交待："敌人北犯甚急，平壤可能要失守，我得马上过去会见金日成首相。你们几位随四十军行动，不能出半点纰漏！"

【同期声】彭德怀军事秘书　杨凤安（89 岁）

彭老总他和我、两个警卫员坐一个吉普车，又带了一部电台，报务员和译电员 7 个人，由崔伦处长带着，坐一个大卡车在后面跟着，所以就这样在部队的先头就入了朝了，翻译也没带，医生也没带，说话也不懂。

【同期声】志愿军办事处机要秘书　贾庆举（82 岁）

彭总，他是身先士卒，第一个入朝的，最高统帅。这在世界来说，没有这样的。当时我们都替彭总担心。说，彭总你没必要，你这么着急，你先过去了，你这出危险怎么办？

【同期声】彭德怀军事秘书　杨凤安（89 岁）

那个时候，朝鲜是一片混乱状态，有的背着小孩儿，有的顶着包袱，有的赶着牛车，我们走着，上边就是飞机，老百姓一边喊着"飞机呀搜，飞机呀搜！"就是飞机来了，叫我们注意防空。

【解说】

在艰难的前进路途中，彭德怀发现，载着电台的卡车掉队了。彭德怀后来回忆说："我带兵打仗几十年，从来没有遇到像这样既不明敌情又不明友情的被动情况。如果美军保持这样的进攻速度，那么我们的部队很可能要打遭遇战了。"在此关键时刻，他更加迫切地想要见到朝鲜最高领导人——金日成首相。

【解说】

大榆洞，朝鲜北部一处废弃的矿洞，坐落在两座大山之间的一条深沟里，距离平壤约五个小时的车程。如今的矿洞破败而荒凉，平常很少有人会来这里，只是因为我们的到来，才破例对外开放。1950 年 10 月 21 日上午 9 时，入朝第三天，彭德怀正是在这座名叫大榆洞的金矿内，与朝鲜民主主义人民共和国首相金日成终于首次会面了。当彭德怀介绍完志愿军第一批入朝部队的兵力部署后，金日成兴奋之情溢于言表。

10月21日下午，彭德怀那部掉队的电台车也驶进了这条小山沟。彭德怀立刻给毛泽东发去入朝后的第一封电报。显然，出国前商定的"以防御战为主"的作战方针，已无法实施。毛泽东当机立断："放弃原定计划，改取以运动战为主，与部分阵地战、游击战相结合的方针"。

此刻，志愿军各级指挥员正仅凭一张地图，艰难找寻着预先指定的作战位置。为了保持行军安全，行进部队实施的是无线电静默，他们和彭德怀一度失去了联系。

【同期声】第39军第116师第347团政治处干事　李森（82岁）

战役急行军，有的时候一晚上跑几次步，几千米，个别的时候能跑万米。我说句不好听的话，人家说你哭吗？没有时间哭了，有的时候被公路上的坑坑洼洼绊倒了，爬起来以后，不论摔得多疼，也不会去擦眼泪。

【同期声】第38军第112师第335团直属炮兵1连指导员　郭书椿（86岁）

给我们第一印象，天一亮，美国的飞机是怎么飞的呢，从高压线底下飞的。把火车打完以后，垂直拉起来，飞机拉到一定高度以后，来一个九十度的下栽，打着跟头再飞走。气你，就这么气你，它有时候飞得低，我们都看到那个戴着航空帽的驾驶员。

【解说】

时任志愿军第39军参谋处长何凌登，军长吴信泉的爱将。10月22日晚九点半钟，第39军军指挥部的6辆车刚刚通过鸭绿江大桥。坐在二号车上的何凌登提出，一号车目标太大，坚持与军长吴信泉对调车位。一个小时后，意外发生了。

【同期声】第 39 军第 115 师第 343 团团长　王扶之（90 岁）

何凌登是先到这个朝鲜，最了解情况，然后回来带部队入朝，晚上行军，汽车走路不是打灯嘛，打开灯以后，美国的飞机在上面就发现了，俯冲下来。

【同期声】第 39 军司令部作战科长　左勇（88 岁）

那个飞机恰恰在头顶上，飞的很低，声音很小，飞机就扫射一下，太巧了，就把我们参谋处长打牺牲了。

（左勇 1950 年 10 月 23 日日记：

昨晚十九时半由安东过鸭绿江，二十四时半遭敌机空袭，何凌登处长不幸牺牲，无限哀痛。）

【解说】

时年 33 岁的何凌登，牺牲后被安葬于哈尔滨烈士陵园。他也是志愿军入朝团以上干部中牺牲的第一人。

在何凌登牺牲一天后，志愿军第 40 军左翼先头部队第 118 师，在师长邓岳和政委张玉华的带领下，经过连续五个夜晚的急行军，无意间走到了这条小山沟，在大榆洞口不远处几个身穿呢子服的人民军哨兵，引起了他们的注意。

【同期声】第 40 军第 118 师政委　张玉华（97 岁）

我们判断是人民军，不管什么部队，（上去）就问，他们说我们是金日成首相的警卫队，他（邓岳）是非常小心，问我，能不能见金日成首相，按说到异国去，上面没有指示，你请示也请示不到了，你去见人家首相。邓岳说，我是中国人，我对首相要尊重嘛，我抗美援朝请求指示，这个不会犯错误吧。

【解说】

时任彭德怀军事秘书的杨凤安，向人民军说明情况，将邓岳和张玉华领到了彭德怀的住处。

【同期声】彭德怀军事秘书　杨凤安（89岁）

彭老总非常高兴啊，说你们吃饭了没有，给他们倒水，把电报起草的给他们看，118师师长看完了给政委看，看了以后，说你们，在那个地方，你们隐蔽起来，敌人过去，你们堵住，把它切断。

【同期声】张玉华　第40军第118师政委（1916年生人）

以后就说，你们情况可能有变，你们如果达不到目的地，你就根据情况，用阻击战、伏击战，各种战术手段打击敌人，机动灵活，消灭敌人。

【解说】

彭德怀迅速给第118师部署具体任务："在温井以北设伏，歼灭冒进敌人，掩护军主力集结展开。" 半个小时之后，第118师跑步奔赴战场——温井。临行时，在师长邓岳的坚持下，给彭德怀留下一个连做警卫。

同一天，彭德怀收到毛泽东一封非常具体的长电报。总方针是"在稳当可靠的基础上争取一切可能的胜利"。10 月 24 日，第 13 兵团指挥机关赶到大榆洞与彭德怀会合。由于军情紧急，中央决定：第 13 兵团直接改为志愿军司令部，邓华任志愿军副司令员兼副政治委员，洪学智、韩先楚任志愿军副司令员，解方任参谋长，杜平任政治部主任。指挥部就建在大榆洞——这个距最前沿部队不足 20 里的废弃矿洞里。

10 月 25 日凌晨，在志愿军第一次作战会议上，根据毛泽东的电报指示，志愿军司令部决定采取"东顶西打"，即"以部分兵力钳制东线之敌，集中主力于西线"的作战计划。

【解说】

1950 年 10 月 25 日，震惊世界的抗美援朝战争，在东、西两线战场同时打响！这一天也因此被确定为中国人民志愿军抗美援朝战争出国纪念日。

上午 7 时，在西线战场云山城北间洞南山及玉女峰一线阵地，志愿军第 40 军第 360 团 3 连和南朝鲜第 1 师展开一场遭遇战。3 连坚守阵地 3 天 3 夜，面对 20 多名南朝鲜士兵，战士石宝山冲向敌群，拉响了手中的爆破筒，成为抗美援朝战场上第一位与敌人同归于尽的英雄！

温井，朝鲜北部山区的门户。根据彭德怀的部署，第 118 师邓岳师长率部已于 10 月 24 日晚，在温井至北镇之间布设口袋、构筑工事。

【同期声】第 40 军第 118 师第 354 团保卫干事　闫文利（91 岁）

（10 月 25 日早上）8 点左右，看到敌人来了，他们也没有搜索，和平时行军一样，我们部队就在左侧离敌人很近了，他没有搜索，他也没有发现我们。

【同期声】第 40 军第 118 师保卫科侦察员　唐启荣（81 岁）

团参谋长指示说，现在先不要打，放他过去，等大部队步兵都进来以后，我们一块包围歼灭它，先头部队放过去了，然后过十几辆接近 20 辆汽车，把汽车也放过去了，以后就等着步兵进来。

【解说】

进入第 118 师伏击圈的是南朝鲜第 6 师第 2 团，整个队伍因缺乏戒备而显得拖沓，蔓延公路足足好几公里，先头部队直接闯入第 118 师的指挥部驻地。

【同期声】第 40 军第 118 保卫科侦察员　唐启荣（81 岁）

敌人的先头部队，发现情况不对，就开始准备战斗，就打。他们一开枪了以后，我们这边这个师部的机关，就立刻紧急地疏散，占领有利地形，利用手中现有的武器，就和敌人的先头部队就开战了。

【解说】

战斗打响后，第 118 师以拦头、截尾、斩腰的战法，在温井至北镇的公路上全歼南朝鲜第 6 师第 2 团一个加强营。当晚，又乘胜占领温井，切断了已进至楚山、古场的南朝鲜军退路。

【同期声】第 40 军第 118 师政治协理员　晏世禄（89 岁）

师长就报告了彭总，说是肉包子我吃了，这是代号，就说敌人肉包子我吃了，彭总非常高兴。俘房敌人一个美国顾问，打死了一个。

【同期声】第 40 军第 118 师保卫科侦察员　唐启荣（81 岁）

我和他说话，我说 Are you English? 他说 American，他是美国人，美国的顾问。最后这顾问送到志愿军总部去了。

【解说】

被志愿军俘虏的美军顾问，在审讯中曾用八个字描述了中国志愿军的这一仗："前头拦住，后尾截住"。

东线战场，志愿军第 42 军接到的命令是在黄草岭、赴战岭阻击敌军。黄草岭，位于长白山脉南麓的长津湖地区，海拔在一千至两千米之间，大小山峰纵横绵亘，丛林密布，蜿蜒于峡谷地带的公路长达四十余公里，是兵家必争之地。按照战前部署，第 42 军的两个师必须在敌人之前赶到这里。

【同期声】第 42 军军政治部干事　武际良（80 岁）

这时很紧张，当时从鸭绿江边向我们那个地方，一直到黄草岭 400 公里呢，而且白天不能走，白天美国的侦察机，怕暴露目标。只有晚上，一晚上，最快的速度，也就是六七十公里，那就不得了了。

【同期声】第 42 军第 124 师第 370 团 4 连文书　吴永孚（81 岁）

炊事班的那些老兵很辛苦，到地方就赶紧烧水烫烫脚，烫脚解乏，再一个烫完脚以后，卫生员就赶紧来挑泡，那个大水泡一定要挑，挑破，挑破这个水挤出来，第二天走路就减轻一些痛苦，最后都是血泡，都出血了，没有水了，那也坚持走。

【解说】

但此时，仅靠两条腿前进的第 42 军，能够赶在对手之前抢占黄草岭吗?

【同期声】第 42 军军政治部干事　武际良（80 岁）

　　吴军长就想了一个点子，集中了两辆汽车，就派一个副师长，带着侦察队，带了一部电台，说你们就是白天晚上都不能停，有飞机炸你也不要管，你们就先往前冲，首先要联络上人民军，另外勘察地形啊，要抢占黄草岭。先遣侦察队出去不远，就碰上了这个朝鲜人民军，还是比较整装的，就是一个东线守备部队，也就不到 2000 人的样子，一个少将（金永焕）。

【同期声】第 42 军第 124 师政治部宣传股长　李维英（91 岁）

　　（金永焕少将）他自称是朝鲜黄草岭的守备司令，说我们有一位首长要见一见，（副师长）肖剑飞同志跟着他坐着吉普车，往回走 20 里路到古土里，一个大山沟里头，在一间民房里头，看着一个老人坐在炕上。

【解说】

　　此人正是朝鲜人民军的二号人物、副主席，次帅崔庸健。1922 年崔庸健曾流亡到中国，就读于云南陆军讲武堂，1925 年出任黄埔军校的区队长，并参加了广州起义，后担任过东北抗日联军第 7 军军长等职务，1948 年 8 月回国。时年 50 岁的崔庸健正在养伤，未料能够在此遇到前来支援的中国人民志愿军，一时难掩激动之情。

【同期声】第 42 军第 124 师政治部宣传股长　李维英（91 岁）

　　（崔庸健）就问了，先头部队到哪儿了，他（肖剑飞）说先头部队走了三天，到了满铺，离这还有 200 多里路，后续主力已经过了几天，三天了，正在采取强行军，向东线急进。他（崔庸健）说不行呀，他说美军在咸宁，像陆战1师，都是机械化部队，又离的不远。如果他们抢先占领阵地就麻烦了，他马上告诉金少将，你动员当地的党政军民，马上抽20辆卡车，把这个先头部队抢进去。

【同期声】第42军军政治部干事　武际良（80岁）

它这个汽车可解决我们问题了，我们那些部队，还往前步行着呢，结果他们就回来迎我们，迎我们，那战士高兴地，都往汽车上爬啊。

【同期声】第42军第124师第370团4连文书　吴永孚（81岁）

我们4连连长姓盖，这个人很能打仗的，他也很精，他一听说有汽车来了，他就没有管营长的命令，就让战士上车，结果我们四连就赶紧上车了。营长说，你们4连怎么还没有分任务呢，你们怎么上的车啊？最后连长就说，反正我们上车了，任务就是我们的了。

【解说】

20辆严重超载的卡车，在蜿蜒的山间公路上极速驶向黄草岭！　10月24日夜，第42军第379团2营顺利抵达黄草岭地区的烟台峰、松茸洞、龙水洞一线，并于10月25日拂晓进入阻击阵地，战士们在极度疲劳中立刻开始修筑简易工事。

【同期声】第42军军政治部干事　武际良（80岁）

山上的工事还没有好呢，就看韩国的军队，都是汽车，停到公路边上，就大摇大摆地往山上爬了。他就要占高点嘛，是不是？但是呢，他就是千想万想就想不到中国人来了。

【解说】

　　在敌人距离我阵地仅有十米的地方，第 370 团 2 营 4 连的机枪射手朱丕克打响了黄草岭阻击战的第一枪。一场残酷的阻击战也在 10 月 25 日这一天拉开了序幕。两天后，第 42 军主力第 124 师和第 126 师以每夜步行 45 至 60 公里的强行军全部到达指定的防御地区。第 370 团第 2 营 4 连守卫的 796.5 阵地是黄草岭的南大门，也是敌军前进与后撤的咽喉所在。

【同期声】第 42 军第 124 师政治部宣传股长　李维英（91 岁）

　　南韩 3 师装备也很好，3 师的 26 连队上来了，这里 12 架飞机了，就轰炸一个小时，把阵地炸的到处是火，到处是碎石头，再部队冲上来，一轮打下去，又冲上来，打得非常勇敢。那个战士也打红眼了，有的讲，身可烧，石可碎，阵地绝不可丢，有的战士大腿打断了，坚决不下火线，有的肚子他中了枪以后，就拿绷带扎上，不让它流出来，坚持战斗，打得非常勇敢。

【解说】

　　密集炮火的封锁，加上朝鲜北部气温的骤降，战至第三天，4 连的战士们已面临粮弹尽缺的境地。

【同期声】第 42 军第 124 师第 370 团 4 连文书　吴永孚（81 岁）

　　有些战士又渴又饿，挖工事嘛，战壕旁边有一点草根，他本身渴得没有办法，他又不知道，就拿着嚼着吃，觉得还有点水分，就告诉大家，挖草根止渴。没有干粮了，饭又送不上来，就勒紧裤带那么打，一直坚持打。

【解说】

4 连指导员李兆勤命令：干部们拿出仅有的土豆和萝卜，分给士兵。并提出了"三不打"原则：看不见不打，瞄不准不打，距离远不打。至于防寒，只能"把被子撕下一头包住容易冻伤的手脚"，或者互相拥抱取暖。

最终，第 370 团 2 营 4 连坚守阵地三天两夜，杀伤敌 250 名，全连阵亡 14 人，伤 26 人，以极小的代价，赢取了胜利。战后被志愿军总部授予"黄草岭英雄连"的光荣称号。

【解说】

坚守在赴战岭前沿阵地的第 376 团 3 营，将南朝鲜军 1 个团打垮，歼敌 524 人。在标高 890 米的烟台峰阵地上，第 371 团 4 连也遭到美海军陆战第 1 师 1 个团的猛烈进攻，激战 7 个昼夜后，连长、指导员和班长、排长相继阵亡。

【同期声】第 42 军第 125 师第 374 团宣传股干事　马仕章（84 岁）

你没有一个领头人你怎么干，我们那个三排的几班长打仗不错，代理排长，就一句话，完了以后，打仗表现不错，正式任命当排长，那个时候那么干的，那个时候的情况，先报上去批呀，不可能了。

【同期声】第 42 军第 124 师第 371 团政治处干事　万人杰（82 岁）

他的飞机太厉害，飞机轰炸，炸了以后，就是大炮轰击，然后坦克开路，坦克上来，这一顿打啊，把你那个阵地都打得乱七八糟的，伤亡也很大。

【解说】

两百多人的连队，只剩下 6 名战士，及卫生员、通信员、司号员等共 19 人。在最危急的时刻，司号员张群生挺身而出："我代理连长，大家跟我来！人在阵地在！"他将所有弹药集中起来，平均分配，每人只有五六发子弹和一两颗手榴弹，并提议：子弹不够，就用石头拼！

炮火之后，数百名美军又冲向烟台峰主峰，在零散的枪声响起后，石头雨点般地滚落下来。夜幕降临后，主峰上传出阵阵号声，传递着英勇而悲壮的信息·烟台峰还在我们手上！

经过 8 个昼夜的激战，烟台峰阵地前美军丢下 200 多具尸体，而第 371 团 4 连仅有 17 人的阵地岿然不动！战后，第 371 团 4 连被授予"烟台峰英雄连"称号，张群生荣立一等功。

黄草岭，成了"联合国军"的"伤心岭"，志愿军的"英雄岭"。在 13 个昼夜的阻击战中，美王牌军陆战第 1 师共伤亡 2000 余人，损失坦克、装甲车百余辆，各种火炮 80 多门。11 月 6 日晚，随着西线反击作战的结束，第 42 军圆满完成了防御任务，于 11 月 7 日凌晨撤出黄草岭，转移至柳潭里一带组织防御，准备再战。

【解说】

黄草岭阻击战令第 42 军名扬海外。1961 年，英国元帅蒙哥马利访问北京时，专程到中国人民革命军事博物馆参观，还特意询问了"黄草岭英雄连"的战绩。

如今，第 42 军经过多次整编后番号已经改变为第 42 集团军，驻防广东，有"岭南雄师"之称。当年第 124 师的"黄草岭英雄连"和"烟台峰英雄连"，仍然是该集团军的两个拳头连队。

纪实画面：烟台峰英雄连连长展室讲解：这面旗子是志愿军 42 军，

授予我连，"烟台峰英雄连"荣誉称号时的旗子原件。这幅照片是当时授旗时的合影，这是我连的连歌，由我连全连官兵集体创作。

烟台峰英雄连战士唱连歌：涛涛沿河迎战马，长城脚下磨战刀，鸭绿江畔走铁骑，烟台峰上逞英豪，英雄连队老一辈，潇洒一腔血，为国立功劳。

抗美援朝的黄草岭战场上，战士们用血肉之躯浇灌出的英雄旗帜，经过几代人的传承，如今依然鲜红夺目。

【解说】

在黄草岭激战正酣的时候，杜鲁门收到了一封远东司令部的电报，在电报中麦克阿瑟认为："战场上出现一些中国人不值得大惊小怪"、"只有小股中国军队参战"。后来，美国国防部长马歇尔沉重地说："我们认为什么都知道，而实际上什么也不知道。然而，对方却一切都知道，于是战争开始了。"

10月30日，云山城内的南朝鲜第1师师长白善烨，收到战况报告："敌人在云山四周急促前进，他们的部队在山脊上移动时，看上去好像整座山都在运动"。美第8集团军司令官沃克决定：令美军骑兵第1师向北增援！"杀开一条血路，饮马鸭绿江"。

【同期声】第39军司令部作战科长　左勇（88岁）

（美）骑兵第1师，实际上是机械化部队，在过去是一支骑兵。这个部队过去没有打过败仗的。败在我们39军手里的。

【解说】

美国陆军骑兵第1师，在两次世界大战中战功显赫，官兵人人佩戴着马头图案的肩章，炫耀着曾经的辉煌。他们是美军第一批入朝参战的地面部队，也是美第 8 集团军司令官沃克手中的王牌。11 月 1 日，美军陆军骑兵第 1 师第 8 团进入云山城。几个小时之后，志愿军第 39 军炮兵观察所发现，云山城内的南朝鲜军有所异动，似乎有撤退的迹象。

【同期声】第 39 军第 116 师司令部通信科长　魏斌（85 岁）

美军上来实际上和韩军换防，换防呢，我们当时预定是晚上 19 点开始攻击，但是以后一看敌人换防，我们也不太了解情况，以为敌人是不是撤退了。

【解说】

第 39 军军长吴信泉当机立断，将原本 19 时发起攻击的计划，提前至下午 15 时 30 分！炮击声震荡着云山山谷。

【同期声】第 39 军第 116 师山炮营 3 连连长　黄云腾（85 岁）

这时候最高兴了。为什么呢，我的炮打到步兵机关枪前面去了。你说我这个胜利有多大，我这个炮兵连。我这一发炮弹能顶多少子弹。这样，我腾腾打了几炮，敌人在前面他就老实了。

【解说】

仅仅两小时，志愿军第 39 军就占领了云山城的外围阵地，南朝鲜第 1 师的两个团溃不成军。美骑兵第 1 师第 8 团也被打得措手不及。这时第 39 军才发现，对手竟然是美国人。军长吴信泉对部下说"我们把纸老虎当真老虎打，打它个人仰马翻，给全世界人民看"。

【同期声】第39军第116师司令部通信科长 魏斌（85岁）

敌人坦克，我们当时没有反坦克炮，怎么办呢？战士们用三根爆破筒，扎到坦克履带里面，像我们步兵打了以后，勇猛的穿插，一下子穿插到敌人后边去，穿插到敌人炮兵阵地，打到炮兵阵地，主要靠手榴弹。

【解说】

为阻止美骑兵第1师第8团南逃，第345团一部分兵力直扑其南逃的要道——诸仁桥。

【同期声】第39军第115师第345团4连连长 周仕明（88岁）

当时团政委讲得很清楚，说周仕明，路上不恋战，你要插到位，守得住，就是打光了，你也不能把敌人跑掉一个，就是一个死命令，你必须守住。

【解说】

一个连的志愿军，严肃而整齐地列队走向诸仁桥。警戒该桥的美军士兵误认为他们是南朝鲜军队，没有查问就让其通过了。

【同期声】第39军第115师第345团4连连长 周仕明（88岁）

像猛虎下山一样，一下子就扑上去，把桥头就占领了，一共包括肃清残敌不到20分钟，就把这个桥头攻下来了。抢占这个诸仁桥，是对这个断敌退路，是关键的一步。

【解说】

被俘的美军士兵对翻译说：他们的军官规定了可以投降的四个条

件：一是没子弹了；二是没干粮了；三是联络中断了；四是突围不了。现在，他们符合投降的所有条件。

在两昼夜里，美骑 1 师第 8 团的退路彻底封闭，来增援的美骑 1 师第 5 团正一路向北。

【同期声】第 39 军第 115 师第 343 团团长　王扶之（90 岁）

军里头给我下的死命令，要阻击住，保证这个军的主力在云山歼灭这个第 8 团，我这个担子不轻啊。我就把全团的背包，就是沉重的装备，全部都丢掉，然后就跑步前进，去抢占阵地去。第二天主阵地上，天上十几架飞机，地下呢，坦克，坦克上面载着步兵，进攻。我有一个连打到最后，180 多个人，最后打的剩下 30 多个人，最后把这个阵地守住了。

【解说】

在龙头里阻击战中，第 343 团 1 连首创我军一个连歼灭美军一个连的范例，彭德怀专门传令嘉奖了这个 100 多人的钢铁连队。而在云山城主战场，志愿军也创造了一项朝鲜战争中的纪录。

【同期声】第 39 军第 116 师第 347 团宣传队队长　金振武（81 岁）

我们 116 师缴获的是四架飞机，这在朝鲜战争史上，就这么四架。

【解说】

云山遭遇战，是中美在战场上的首次交锋，也开创了中国人民志愿军以劣势装备打击美军的成功战例。此战歼灭美军骑兵第 1 师第 8 团等部 1800 余人，击毁和缴获坦克 28 辆、汽车 170 余辆，各种火炮 119 门。时任美国国务卿的迪安　·艾奇逊对朝鲜战场的局势，表现出巨大的担忧："一支全新的、骁勇善战的敌军出现在战场上，而在大败美军之后，似乎转眼间就"消失的无影无踪，他们完全有可能像上次那样卷土重来，给我们造成极大的阻拦"。

【同期声】第39军第116师第346团4连连长　王振斌（89岁）

打云山战役，师长就说了，打胜了我们不仅在世界人民、国内人民增加了影响。另外，打败了美国的威风，就是打那一仗，敌人就再也没有前进过一步。

【解说】

在第一次战役中，只有第38军出师不利，在"首歼熙川之敌"的计划中，由于第38军过分谨慎，运动迟缓，致使作战计划落空。

【同期声】第38军第113师第337团8连副指导员　高天正（82岁）

当时我们听到的说，有的说有个土耳其旅，还有黑人团，由于对敌人不了解情况，从军里到下面都一个什么思想呢，沉住气，别莽撞，把情况闹清楚再打，结果敌人跑了，等我们打的时候，抓到了100多个人，以后一了解，也没有什么土耳其旅，也没有什么黑人团，结果等于是把敌人放跑了。

【解说】

在追击中，道路不熟悉，又过于留恋小型战斗，直到敌人建立起防线，第38军才穿插到位，最终没完成切断敌人后路的任务。对此，彭德怀十分不满。

【同期声】志愿军办事处机要秘书　贾庆举（82岁）

本来应该截断敌人退路，没截住，最后敌人放跑了。放跑了以后，开作战会议的时候，就是彭总就指名批评38军，那批评很厉害。

【同期声】第38军第113师第337团8连副指导员　高天正（82岁）

我们老军长梁兴初挨批评了，批评的很严厉，说38军不是很能打仗吗，怎么就这么一个仗都没有打好啊，把敌人还打跑了，你怎么打的。

【同期声】贾庆举　志愿军办事处机要秘书（82岁）

等批评完了以后，这个会议散会了，这38军军长表了一个态，他说，你批评我梁兴初可以，但是批评38军我不服，这是一个；再有一个就是，我下一仗，我要是打不好的话，我就到军法处去，你处理我。

【解说】

11月5日，"联合国军"全线后撤至清川江一线建立防御阵地，中国人民志愿军抗美援朝第一次战役以胜利宣告结束。

抗美援朝第一次战役，是在朝鲜战局岌岌可危，志愿军仓促入朝情况下的交战，西方的军事学家们把这场战役称之为"世界战争史上少有的遭遇战"。他们曾这样总结第一次战役中志愿军的战术：中国军队远比麦克阿瑟所嘲弄的"亚洲的乌合之众"要机敏老练。中国步兵除迫击炮外，没有装备更重的任何武器，但他们却能极好地控制火力，进攻美军和韩军的坚固阵地，尤其是在夜间。

1950年10月25日至11月5日，中国人民志愿军与朝鲜人民军英勇奋战13天，共歼灭"联合国军"1.5万余人，初步稳定了朝鲜战局，取得了以劣势装备战胜优势装备的成功经验，增强了敢打必胜的信心，为随后的胜利创造了有利条件。

第三集　国威初显

导语

　　费城，是美国一座古老的、最具历史意义的城市。1790~1800 年，在华盛顿建市前曾是美国的首都。著名的《独立宣言》就是在这里签署。2007 年，在临近费城独立宫的港口边，矗立起一座朝鲜战争纪念碑，彰显着庄严与肃穆。战争经过岁月的洗礼，留下的是那些刻骨铭心的伤痛记忆：黑白历史图片及密密麻麻战死士兵的名字，冷峻、客观地镌刻于黑色大理石之上。

　　这幅 1950 年 12 月 8 日，美国海军陆战第 1 师于长津湖之战中撤退的图片，记录下了这支诞生于费城、战功赫赫的军队，最为惨痛的一次失利。

【解说】

著名的十二孔铁桥，是中朝界河鸭绿江上的第一座桥，建成于1911 年 10 月。抗美援朝期间被美军炸毁，中方一侧仅存四孔，如今在残桥之上，碗口大小的弹孔依稀可见。断桥后来经过修复，成为著名的战争遗迹型旅游景点，见证着那场战争的历史。

中国人民志愿军突然出现在朝鲜，引起美国当局的种种猜测。其中，"联合国军"总司令麦克阿瑟依然固执地认为，中国只是象征性出兵，不会全面介入朝鲜战争，并计划先以空军摧毁鸭绿江上的所有桥梁和渡口，再发动更大规模的所谓"最后的攻势"——圣诞节攻势。尽管以英、法为代表的一些国家强烈反对，认为"轰炸满洲"，有挑起世界大战的危险，但美国国家安全委员会还是同意了麦克阿瑟的计划。

【同期声】时任彭德怀军事秘书　杨凤安（89 岁）

彭老总这个时候，他判断麦克阿瑟这个人的脾气秉性，仁川登陆以后冲昏了头脑，现在头脑还没清醒过来。我们打了第一次战役，破坏了他这个计划，站稳了脚跟，麦克阿瑟他可能还要继续北进，我们就将计就计。

【解说】

第一次战役即将结束之前，彭德怀就提出了"如敌再进，让其深入后歼击之"的作战指导思想。同时，决定增派由第9兵团宋时轮率领第20军、第26军、第27军奔赴朝鲜。11月5日，毛泽东回电批准了彭德怀的第二次战役作战方针："江界、长津方面应确定由宋兵团全力担任，以诱敌深入寻机各个歼敌为方针。尔后该兵团即由你处直接指挥，我们不遥制。"

【同期声】第27军第80师第239团2营教导员　张桂绵（84岁）

当时准备解放台湾，航海演习，专门等着上潮打浪的时候，叫你上船去，晃荡晃荡，晃得又吐又呕，哎呀，搞得你最后站都站不起来了。在那儿练了大概一个多月，就是这个时候，一下子来了个命令，说停止航海演习，部队要进行动员，说干什么呢，要动员准备打仗，航海演习就是打仗，大家都知道，准备解放台湾嘛，那个时候部队情绪很高。

【同期声】第20军第60师政治部宣教科副科长　唐吾定（88岁）

在上海上了火车，很慢，凡是遇到客车，我们的军用车要靠边，让客车通过。后来，到了山东集结以后，再上火车情况不同了，火车开始快了，反过来客车要让军车，所以我们就知道情况变化了。因为我们部队都是老兵，这些方面有点敏感的。

【同期声】第27军第80师第239团2营教导员　张桂绵（84岁）

我们就看着，说不对呀，怎么向北走了，我跟营长俩说，我说这方向不对啊，怎么解放台湾怎么向北走啊，到了什么时候才知道了，还没过天津，就冷了，10月份，冷了，大家就感觉这不对头。那个战士都问，说解放台湾怎么这么冷，向北走了，那个时候谁也不敢讲，我们也不知道，我们也不敢讲，我说服从命令听指挥，叫向哪里就向哪里。但是，你脑子里面，不管向哪里走都要准备打仗。

【解说】

　　1950 年 11 月 8 日，美远东空军派出全部 90 架 B—29 型轰炸机，在鸭绿江大桥上空，数次投下密集的炸弹。大桥被拦腰炸断。第 9 兵团第 20 军、第 26 军、第 27 军共 12 个师 15 万大军于 7 日在鸭绿江上游的集安和临江仅用 3 天时间，神速跨过鸭绿江。时任美国国防部长的马歇尔曾言："麦克阿瑟总以为将大桥炸断，就可以阻止中共军队进入朝鲜，这种想法太天真。"

　　当时麦克阿瑟的计划是：摧毁鸭绿江上的桥梁渡口，打断中国军队和物资进入朝鲜的通道，再以地面部队进行试探性的进攻，查明中国军队的实力与意图，最后从东西两条战线发起总攻，并继续扬言："将在 10 天内扫荡在北朝鲜的中共军队和他们所占的地区。"

【同期声】时任彭德怀军事秘书　杨凤安（89 岁）

　　麦克阿瑟要 12 月 25 号圣诞节要结束战争，士兵要回家过圣诞节，他想的是这样的。当时要打起来，我们没有重兵器，炮兵没有，各项供给（跟不上），敌人火力这么强，我们主力暴露，就完了。

【解说】

　　麦克阿瑟摆开 V 型阵势，东、西两路"联合国军"将在江界以南的武坪里最后合围。

【同期声】军事科学院原军史部副部长　齐德学（少将）

　　麦克阿瑟在作战部署中，致命弱点，主要是它分东西两线进攻，而且东西两线中间是被朝鲜的狼林山脉隔断，这个狼林山脉这个隔断这个距离，大约是 80 到 100 公里。另外呢，它这东、西两线指挥不统一，西线是由联合国军的地面部队司令官，也是美第 8 集团军军长沃克指挥，东线是由美第 10 军的军长爱德华·阿尔蒙德指挥，而且第 10 军不归这个第 8 集团军指挥，由联合国军总司令麦克阿瑟遥控，所以这就造成了东、西两线互相照应不起来，这就成了它部署上的一个致命的弱点。

【解说】

彭德怀根据毛泽东的指示，利用东西两线敌军之间 80—100 公里的空隙，迅速部署东、西两路 V 型战场（联军的 V 型布阵也要标注）。"诱敌深入，寻机歼灭"，这是极其大胆、也极具风险的计划。因为第一次战役刚刚结束，部队还处于疲劳之中，亟待休整，如"联合国军"继续北上，志愿军将无路可退。为诱敌北上，达到分割包围、各个歼灭的目的，志愿军各部实施了一场极为成功的心理战术。

【同期声】时任彭德怀军事秘书　杨凤安（89 岁）

彭老总，他就是进一步的骄纵敌人，继续后撤二、三十公里，给敌人让出来。我们布置一个口袋，叫敌人钻进来再打。敌人钻口袋也不是很容易，他也怕，开始进进退退，撤的时候，我们就丢一些小锹小镐，敌人一看（志愿军）被打败了，所以这样子他才进来。

【解说】

1950 年 11 月 8 日，坚守在飞虎山已整整 5 个昼夜的第 38 军第 335 团团长范天恩，突然接到"后撤三十公里"的命令。原来，彭德怀注意到，联合国军北进速度渐缓，怕第 38 军顶得过于坚硬，于是决定让他们"高抬贵手，让一下路"！

为了把戏做足，在第一次战役中被俘的 103 名南朝鲜和美军士兵，被教育一番，全部放回，并被告知，中国军队供应补给困难，要撤回国内。麦克阿瑟终于确信：中朝军队正在溃退之中。11 月 24 日，他亲自从日本东京飞往朝鲜前线，发出了"圣诞节结束朝鲜战争的总攻令"。

就在同一时刻，彭德怀指着地图上的德川和宁远说："就在这里！就在这里！""联合国军"兵力分散，侧翼暴露，后方空虚，彭德怀终于寻找到梦寐以求的战机。

此时，"联合国军"已全部进至一个西起清亭里，经泰川、云山、新兴洞到宁边以东约 140 公里的弧形突出地带。

【同期声】时任彭德怀军事秘书　杨凤安（89 岁）

彭老总的部署是 38 军、42 军两个军，实行战役战术迂回，在敌人前面打开一个口子以后，两个军插到敌人后面去，因为摆开阵势打对我们不利，我们只能是发挥我们的优势。

【解说】

德川城，背靠大同江，4 条公路在此汇合，是麦克阿瑟东西虎头钳的支撑点。战役将从这里打响！

第 38 军军长梁兴初，向亲临军部的志愿军副司令员韩先楚立下军令状：让 42 军该干什么干什么去！第 38 军一天之内拿下德川！如果第 38 军单独打德川，第 42 军就可同时打宁远，粉碎南朝鲜军的防线会更加利索。韩先楚给彭德怀打电话，说 38 军要"单干"。彭德怀答复："梁兴初好大的口气！告诉他，我要的是歼灭，不是赶羊！"

1950 年 11 月 24 日夜，一支 323 人组成的侦察先遣队，由第 38

军侦察科副科长张魁印率领，直插德川以南。他们肩负的任务是：沿途查明情况，从南朝鲜第 7、8 师的结合部渗入敌后，在对德川发起攻击之前，插至武陵里，于 11 月 25 日 8 时炸毁连接南北的武陵桥，断敌后路！

【同期声】第 38 军侦查科副科长　张魁印（91 岁）

到军里接受任务，去了以后，梁军长和政委，他们先讲的，梁军长首先就问我，说你敢不敢给我插进去？我说首长，这个哪是敢不敢的问题，我说我这是要千方百计地要插进去。

【解说】

先遣队人员全部换上了南朝鲜军服装，趁着夜色，冒着风雪严寒，爬山沟，走小道，利用伪装一路前行。

【同期声】第 38 军侦查科副科长　张魁印（91 岁）

碰上了一个庄子，那里敌人有哨兵，他那个哨兵就喊了，我们的翻译就跟他答了，他说你们从哪来的，我们从后边来的，说你们上哪去的，说我们上前面去的。他就停了，他（继续）站他的岗。我们这就进去了，那个庄子里头啊，住的部队正在休息，正在吃饭，我们走我们的，他干他的。我们也没敢再打。本来那是好机会，我们要打，那一下就可以收拾他不少，当时考虑了，这个执行任务重要，军首长明确地讲的，沿途不要恋战。所以我们没有管他，就继续走了。

【解说】

11 月 25 日凌晨 3 时，经过一昼夜 70 公里急行军，先遣队赶到了距离武陵桥 2 公里的武陵里。在朝鲜老乡的指引下，顺利抵达目的地。

【同期声】第 38 军侦查科副科长　张魁印（91 岁）

这年轻姑娘好，领着我们爬山，这个大山，树林子特别密，也特别陡，下头的树叶子也很厚，再加上雪，走一步就得退半步，肚子也饿得够呛。但是，这个时候不能停，动员动员，咱们就继续往上爬。

【解说】

11 月 26 日早上 7 点 50 分，在巨大的爆炸声中，武陵里大桥断为两截。1960 年，由当时参加行动的士兵们亲自演出，拍摄了一部军教片《奇袭武陵桥》，两年后，八一电影制片厂又以此事迹为题材，拍成一部故事片——《奇袭》。

在"奇袭"成功的前一夜，总攻已经开始，第 38 军分 3 路迅猛攻击德川之南朝鲜第 7 师，至 26 日晚，歼其 5 千余人。第 42 军攻占宁远、孟山，歼灭南朝鲜第 8 师大部。不到一天，南朝鲜第 2 军团不复存在，"联合国军"战线的右翼全部崩溃。为堵住战役缺口，保住虎头钳的支撑点，沃克急调预备队土耳其旅由价川方向东进，骑兵第 1 师由顺川方向向新仓里机动，妄图抢占德川西南戛日岭，阻止志愿军主力向西挺进。

【同期声】第 38 军第 113 师副师长　刘海清（2006 年采访）

志愿军副司令韩先楚也给（第 113 师）师长江潮打电话；打完以后，还专门给我打一次，说一定要赶到三所里。我们接受任务以后，部队晚饭都做好了，也没吃，就走了，就出发了。

【同期声】第 38 军第 113 师第 337 团 8 连副指导员　高天正（1931 年生人）

志愿军总部当时传达了彭老总三条指示给 113 师，一就是按时走。第二条，路上遇到再大的困难，也不能停留。第三条就是，到了地方以后，不管遇到再大的困难，也要把那个口子堵住。

【解说】

11 月 27 日 17 时，几昼夜没有休息的第　113 师开始了飞奔，各级指挥员发出相同指令："跑，跟着大队跑，跑到三所里就是胜利"！大同江边出现惊人的一幕：从师长、政委到普通一兵，在零下二十多度的酷寒中，全部冲进冰透的江水中。

【同期声】第 38 军第 113 师第 337 团 8 连副指导员　高天正（82 岁）

知道要围击敌人，所以谁都不怕了，豁出去了，我们互相之间，拿着枪的，你扛不动了，我就替你扛。我就扛双枪了。我一人扛两支枪，我一人背两个背包。那个时候连东西都不背了，好多都撂了。除了武器、枪支、手榴弹这些以外，别的都无所谓了。

【同期声】第 38 军第 113 师副师长　刘海清（2006 年采访）

我们走的过程中间，无线电静默，不发报，军部找不到我们，志愿军找不到我们。韩先楚搞的一个前线指挥所也找不到我们。

【解说】

第 113 师在连续飞奔 14 个小时后，于 28 日 7 时许出其不意占领了"联合国军"南逃北援的交通要道——三所里。

【同期声】第 38 军第 113 师第 337 团 8 连副指导员　高天正（82 岁）

这时候，113 师给志愿军总部，给 38 军军部发了一个讯号，就说飞虎飞虎，就是我到了。

【同期声】第 38 军第 113 师副师长　刘海清（2006 年采访）

首长急得要命，113 师无线电信号从三所里出来了。我们到了三所里，比敌人提前 5 分钟占领三所里，他们一听到这个消息以后，非常高兴。

【解说】

第 38 军第 113 师创造了世界步兵史上 14 小时行军 72.5 公里的奇迹，至今没有任何国家的步兵打破过这个记录。已多日未合眼的彭德怀，此刻长舒一口气："他们终于到了！这就放心了！"

【解说】

第 113 师先头分队占领阵地仅 5 分钟，美骑兵第 1 师第 5 团前卫车队就从北面价川方向赶来，遭到第 113 师先头分队痛击。随着双方后续部队到达，在三所里展开激战。至下午 4 时，第 113 师击退美骑兵第 1 师第 5 团十余次冲击，并击溃美军该师从南面来的接应部队。至晚 8 时，彻底关闭了美军从三所里南逃的"闸门"。三所里西北面龙源里，有公路通往顺川，也是敌人南逃的退路，28 日下午，志愿军司令部命令第 113 师迅速抢占龙源里。

【同期声】军事科学院原军史部副部长　齐德学（少将）

38 军在转发这个电报的时候，把这个龙源里写成了龙泉里，因为他们原来就并派侦察兵去侦察了龙源里这个地方有公路，所以他们判断，这个龙泉里可能就是龙源里，就果断地决定抢占龙源里。刚到那块，就发现从北向南有车队的灯光，大概有十几辆车，他们当时这个部队觉得，是不是我们来晚了，大部分已经过去了，所以他们以为截住个尾巴，最后他们把这个尾巴截住以后，一打下来一看，是美第九军派出来的，也是带有侦察性质的一个部队，所以就把刚刚侦察的部队截住了。

【解说】

11月29日，在龙源里被截住的是美军第2师，其侦察分队被歼后，又派部队乘数百辆汽车在坦克引导下，向龙源里突击，企图打开南逃通路。但被第113师部队死死堵截在龙源里以北。至此，美第9军指挥的美第2师、第25师、土耳其旅全部和美骑兵第1师一部，已被志愿军从北、东、南三面包围于价川南北地区。

【同期声】第38军第113师第337团8连副指导员　高天正（82岁）

1连2排的排长郭忠田这个人很聪明，他说炮弹都落在我这儿了，飞机炸弹也都落我这儿了，怎么办？他在边上的地方，修了一个伪装攻势，挖个坑啊，搞上基土啊，搞了一个假工事，果不其然，天亮时候，飞机啊，投弹啊，炮轰啊，很多都引到那个方向去了，他那个地方就轻松了一些，最后敌人实在过不去了，就到处乱窜了。

【解说】

30日，是阻击战最激烈的一天。孤注一掷的美军集中了500多架飞机，上千门大炮和几百辆坦克救援被围困的部队。第38军113师第337团3连龙源里狙击战和第335团3连松骨峰阻击战打得异常惨烈。

中国志愿军官兵用血肉之躯，铸就了钢铁防线。被包围的美军，虽然看到前来救援的美骑兵1师坦克上的白色星徽，但始终没能会合。

【同期声】齐德学　军事科学院原军史部副部长（少将）

　　三所里、龙源里，两个口，全卡住了，它就没处跑了。就是给38军的任务，原来给了三所里，后来又加了龙源里，都非常圆满的完成了。在这两个口子，把它堵住了。

【解说】

　　松骨峰最后仅剩下7名战士，仍顽强地坚守住了阵地。当时，奔赴前线采访的作家魏巍在听了官兵们饱含感情和泪水的讲述后，决定重访壮烈的阵地，并将松骨峰战斗写进了著名的通讯《谁是最可爱的人》里。

　　据这个营的营长告诉我，战后，这个连的阵地上，枪支完全摔碎了，机枪零件扔得满山都是。烈士们的尸体，做着各种各样的姿势，有抱住敌人腰的，有抱住敌人头的，有卡住敌人脖子，把敌人掀倒在地上的，和敌人倒在一起，烧在一起。另有一个战士，他的嘴里还衔着敌人的半块耳朵。

【同期声】时任彭德怀军事秘书　杨凤安（89岁）

　　这次战役给了敌人一个歼灭性的打击。西线美国军队是丢掉了重装备，汽车就是几千辆，很新的，油漆锃明瓦亮的，汽车在公路就摆那么一溜，丢下，向南撤退。我们的部队追得敌人是鞋子也丢了，袜子也破了，光着脚跟敌人四个轮子赛跑。

【解说】

前线传来的胜利消息，令彭德怀极其兴奋，他亲自起草给第 38 军的嘉奖电报。

【同期声】军事科学院原军史部副部长　齐德学（少将）

彭总在这个电报里还特别讲了，尤其是 113 师，14 个小时前进这个 140 华里，就是在三所里，把突围的美第九军截住了，一方面是阻击了突围的部队，一方面是阻击了接应的部队，它两面阻击嘛。

【同期声】志愿军办事处机要秘书　贾庆举（1931 年生人）

这个电报秘书刚要拿走，他（彭德怀）说你急干嘛　给我放下，我再添两句话，他就添，一个添了一个，中国人民志愿军万岁，三十八军万岁。就添两个万岁。当时还有个人提，说还有提哪个军万岁的，这样提行吗？彭总说，怎么就不行啊，三十八军就是万岁。

【解说】

"万岁"的嘉奖在我军历史上还是第一次，第 38 军从此也被称为"万岁军"。

在第 38 军取得辉煌战果的同时，西线的第 42 军智歼南朝鲜第 8 师、第 40 军打残美军第 2 师、第 39 军重创美军第 25 师；美第 24 师在第 66 军、第 50 军的猛烈攻击下，损失惨重。土耳其旅和美骑兵第 1 师、南朝鲜第 1 师部队也陷入志愿军的三面包围之中。

战果中的一个亮点，是美第 25 师第 24 团 1 个黑人连士兵，在强大的军事打击和政治瓦解下，在连长安东尼·佩库端罗率领下，115 名黑人士兵集体向第 39 军缴械投降。

【同期声】第 39 军第 116 师第 347 团政治处干事　李森（82 岁）

这天晚上我记得很清楚，月亮很大，整整一连的黑人坐在朝鲜茅屋前的平地上，就那么坐着，那个我是看见了。

【同期声】第 39 军第 116 师第 347 团宣传队队长　金振武（81 岁）

俘虏了他以后，打乱了美国的计划。美国原来他编队呢，黑人和白人不编一块，黑人在美国来讲，是下等的，从那以后，美国就把黑人和白人混编在一块了，不单独成立黑人部队了。

【解说】

12 月 1 日，突围无望的"联合国军"，丢下所有辎重，绕道安州，向肃川和平壤方向退去。"美军路程最远的退却开始了"，拼命南逃的"联合国军"10 天溃退 300 公里。时年 60 岁的第 8 集团军司令官沃克中将，在败逃的路上因车祸身亡。12 月 6 日，中国志愿军第 39 军第 116 师和朝鲜人民军收复了沦陷 49 天的平壤。

对美国总统杜鲁门来说，从 11 月 25 日开始，西线战场噩耗不断，东线长津湖地区美第 10 军的战况同样灰暗。中国志愿军第 9 兵团在高寒的盖马高原长津湖畔，已摆开了战场。

【同期声】时任第 27 军参谋长　李元（2006 年采访）

给了一幅地图，给了一个翻译，就糊里糊涂地过了江了。一到这边部队就上到山上，丛林里面，森林里面，老百姓穿的白衣裳，上衣很短。裤裆那么大，这到什么地方了？战士问了。朝鲜，抗美援朝。

【解说】

第 9 兵团是准备解放台湾的主力，下辖第 20 军、第 26 军、第 27 军，共计有近 15 万人。由于朝鲜战场军情紧急，在毛泽东给彭德怀发出调动第 9 兵团电报的第 3 天，第 9 兵团司令员宋时轮就率领其部队向一个陌生的战场——朝鲜出发了。

【同期声】第 20 军文工团创作员　徐坤（87 岁）

（部队）到的东北呢，　看我们这个部队装束不行啊，东北的一些领导一看，这个部队怎么能够到朝鲜去呢，冻也把你们冻死了，要改装来不及。

【同期声】第 20 军第 172 团 3 营 8 连副指导员　孙荣臣（85 岁）

美国的被子是鸭绒被，是口袋式的拉锁，一拉锁就睡觉了。咱们呢，带的是大沿帽，单帽，穿的是胶鞋，叫单帽、胶鞋奔朝鲜。

【同期声】时任第 27 军参谋长　李元（2006 年采访）

这个枪一摸啊，这个铁，冻得发霉啊，长白毛啊，手一摸就吸住，一拉皮就掉了。吃一顿饭，结了冰，（饭）用锤子都砸不烂，冻掉了，没有吃。

【同期声】第 42 军第 126 师作战科参谋　马声儒（82 岁）

（9 兵团）它到那儿去接我们防的时候，因为阵地上房子很少，有一点房子全部都让给他们，就看他们太冷了，我们出来，让给他们。另外就是这个稻草啊，还有这个玉米杆，玉米结，搭的一些棚子，临时搭起来，在野外都让给他。

【解说】

长津湖，朝鲜北部最大的湖泊，位于赴战岭山脉与狼林山脉之间，2013 年 3 月，我们来到了这里，试图寻找第二次战役中东线战场的遗址。这一天的气温是零下 15 度，在这杳无人迹的大山之中每走一步都十分困难。六十年前，第九兵团的战士们就在这里，进行了一场"血战"。

长津湖海拔在 1000 至 2000 米之间，山高路窄，人烟稀少，夜间最低温度接近零下 40 度，当年又恰逢 50 年不遇的严冬。美陆战第 1 师师长史密斯曾感叹：长津湖地区根本就不适合军事行动，就算成吉思汗也不会想去征服它。

【同期声】唐吾定　第 20 军第 60 师政治部宣教科副科长（88 岁）

我们到朝鲜，第一个遇到的敌人是气候。下雪，冰冻，我们部队行军的时候，男同志的胡子都是白的，眼睫毛也是白的，有一些头发露出来的话，两边的鬓发都是白的，所以那个时候大家讲，说我们是白毛郎，白毛女，衣服就硬绷绷了。

【同期声】李春华　第 26 军第 78 师第 232 团 1 营 1 连指导员（84 岁）

山上都是雪，要用铁锹把雪往旁边铲一铲，然后用点干树枝子铺一铺，再弄点枯草铺一铺，两个人一块儿睡，一个被子铺到底下，一个被子盖到上头，还有两个人一人一头睡，你要抱着我的脚，我要抱着你的脚。

【解说】

志愿军第 9 兵团入朝行军的第一天，就有 700 多人被严重冻伤，尽管如此，他们仍然在 18 天里保持着日行军 30 公里的速度。在敌机不间断的侦查和扫射中，秘密到达了预设阵地。

【同期声】张仲达　第 27 军敌工部英文翻译（85 岁）

空袭实际对我们是造成很大的一个影响。部队里还有一个顺口溜，这顺口溜怎么讲呢，中国人，来到朝鲜地，吃的是酸菜，受的飞机气，鬼子能上天，老子能入地。

【同期声】李春华　第 26 军第 78 师第 232 团 1 营 1 连指导员（1929 年生人）

我们有一天晚上行军，来了一架飞机，丢了两个炸弹，打了一梭子机枪，结果把我们两个通信员，一个就打到脑袋，当场就死掉了；还有一个就把肠子打出来，我是指导员，我一直守着他，牺牲前一句话讲什么呢，说：指导员，我对不起祖国人民，我还没有打到美国鬼子，我就牺牲了。我很感动。

【解说】

东线战场第 9 兵团入朝第一仗部署为：第 20 军在右，位于下碣隅里、柳潭里地区；第 27 军在左，位于长津、新兴里之间；第 26 军为兵团预备队，位于长津湖西北地区。进入阵地后，由于补给困难，第 9 兵团的战士直到战斗打响前，少则两天，多至 9 天已经没有吃上一顿热饭，并且只能靠吃冰雪解渴。

【解说】

11 月 27 日，长津湖一带又普降大雪。黄昏时分，在冰天雪地里已经隐蔽守候了六昼夜的志愿军第 9 兵团向"联合国军"阵地发起猛烈突袭。当夜，就将美陆战第 1 师全部和步兵第 7 师一部分割包围在柳潭里、下碣隅里和新兴里等几个点上。

【解说】

1282 高地是柳潭里北边最重要的制高点，在志愿军的突然攻击中，驻守此地的美陆战 1 师两个团的很多美国士兵，在睡袋里就被打死或当了俘虏。

【同期声】邹世勇　第 27 军第 79 师第 235 团 3 连副指导员（85 岁）

我们副连长呢，负重伤。我进去一看，我看他不行了，肠子都流出来了。我把他扶起来，抱在我怀里，我就把耳朵贴到他嘴上，他跟我说，他说，告诉 2、3 排，冲锋的时候，千万别喊，悄悄打，敌人的火力太强了。就给我交代了这么样几句，然后他就死在我怀里。这是我们 1 排战士干部用血和生命，换来的惨痛教训。这是我们第一次跟美军打仗，谁都没经验。

【解说】

美陆战第 1 师两个团连续 5 次冲击柳潭里的两个高地，燃烧弹将志愿军阵地炸成一片火海。在被烧得滚烫的焦土阵地上双方反复争夺，几度易手。至第二天天亮时分，中国志愿军守住了 1282 高地，但也付出了惨重的代价。

【同期声】邹世勇　第 27 军第 79 师第 235 团 3 连副指导员（85 岁）

营里告诉我们整编，准备再战，撤下来以后，我一看，点了一点全连人数，我这个连是 232 个人，一点出来以后还剩了 37 个人。

【解说】

经过两天的激战后，第9兵团决定集中优势兵力各个歼灭，就在这时美军突然向志愿军多个阵地发起猛烈进攻。坚守在下碣隅里东南角1071.1高地的是第20军第58师第172团第3连第3排，指挥员是杨根思。当美陆战第1师发起8次冲击后，阵地上活着的人只剩下杨根思和两名伤员，所有的弹药已经打光。杨根思命令两名伤员带着重机枪撤离阵地。

【同期声】范值中　第20军第58师政治部宣教科干事（84岁）

杨根思第一个英勇称号就是爆炸大王。每一次战斗，他身边都要带炸药，说这是到了抗美援朝，这时他非常精心地保存了一些炸药包。他带到小高岭的就是一个10公斤重的炸药包。他知道这个东西能解决问题。

【同期声】徐坤　第20军文工团创作员（87岁）

这时候有四十多个敌人上来，他抱起了最后一个炸药包，就是拉着导火索冲向敌人，与敌人同归于尽。

【解说】

1951年5月9日，中国人民志愿军领导机关为杨根思追记"特等功"，并授予"特级英雄"称号。朝鲜政府在他牺牲的山头，立起了一座石碑！追授他"朝鲜民主主义人民共和国英雄"称号和金星奖章、一级国旗勋章。他生前所在连队被命名为"杨根思连"。

【解说】

在杨根思牺牲的当天下午，为解下碣隅里美军困境，美陆战 1 师师长史密斯派出一支由英、美、韩等国组成的特遣队，任务是："不惜一切代价增援下碣隅里"。特遣队刚一出发，即遭到中国志愿军的猛烈阻击，并很快将其分切数段，包围在由南至北的公路上。

【同期声】孙荣臣　第 20 军第 58 师第 172 团 3 营 8 连副指导员（85 岁）

枪栓冻了，拉不开了，你打枪你怎么打呢，尿小便，把它呲热，加热了，就这样打。

【同期声】唐吾定　第 20 军第 60 师政治部宣教科副科长（88 岁）

那个时候我们部队包围它（美军），但是没办法消灭他，因为步枪打，（美军）又是坦克又是装甲车，又是大卡车，又是炮，打不到的，晚上几个战士，偷偷摸摸地钻到它里面去，他们呼呼大睡的时候，甩几个手榴弹就回来，但是也解决不了问题。

【解说】

志愿军第 20 军第 178 团的指挥员，面对着战场的胶着状态，心急如焚。

【同期声】唐吾定　第 20 军第 60 师政治部宣教科副科长（88 岁）

两个俘虏送到营部，营部的教导员他观念很强，他说这个情况就要军事跟政治一起解决了，所以他就做这两个俘虏的工作。美国军官同意喊话，果然（美军）派了一个南朝鲜的，一个美国人，两个代表来谈，他提的很多具体问题，我们很困难，到这里有没有水喝啊，有没有饭吃啊，能不能睡觉啊，他甚至提出来，将来我们放下武器后，你们能不能够马上放我们走，提这问题。

【解说】

在朝鲜，只有月亮是属于志愿军的。一旦等到天亮后美军飞机来救援，彻底消灭特遣队的可能性就几乎为零，于是，第 178 团提出最后通牒。

【同期声】唐吾定　第 20 军 60 师政治部宣教科副科长（88 岁）

给他一个规定说，你半个小时以内要答复，投不投降，你要是不行动的话，我进攻了。等了半个钟头没动静，那个时候我们部队就开火了，敌人就答应愿意投降，而且派来两个军官，他一到公路旁边，附近的那些破房子里面，还拉出了一个少校。他已经负了伤了，我们马上给他包扎，一边包扎一边做工作，他就表示投降。

【解说】

在这个被美军称为"活地狱溪谷"的谷地，仅存的 240 名特遣队员全部投降。这是志愿军军事压力配合政治工作，争取美军投降的又一成功战例。

【解说】

在新兴里围歼美 7 师第 31 团的战斗中，志愿军第 27 军集中两个师兵力，在副军长兼第 80 师师长詹大南的指挥下，围攻美第 7 师第 31团，美陆战第 1 师虽然已派兵增援，却只能眼睁睁看着第 31 团覆没。

【同期声】詹大南　第 27 军副军长兼第 80 师师长（2006 年采访）

突然袭击，我们新兴里战斗关键的时候，就是在十分钟之内，把那个团长打死了，阵中日记缴来了，团旗缴来了。把这个美 7 师这个北极熊团全部消灭了。

【同期声】张桂绵　第 27 军第 80 师第 239 团 2 营教导员（84 岁）

詹副军长说，发起总攻。一下三发信号弹打出去，这个时间战士拿着枪，个人向着个人的目标去了，打掉了三栋房子以后，他发现前面的房子里面灯火辉煌，里面的哇啦哇啦声音也很响，直接就冲进去了，机枪、冲锋枪这一打，都基本上打得差不多了。进去一看，乖乖，是敌人的指挥所，又是电台。

【同期声】高圣轩　第 27 军第 80 师作战科长（89 岁）

三营的一个通信班的一个班长，他在战前营部的炊事班长给他交代个任务，说你打仗的时候，给我找一块布，找一块布我好蒸馒头，好发馒头，叫他给找一块布，战斗结束以后，这个通信班长就到处给找布了，找布就找到这么一块，这块布的质量还不错，他就给拿回来了。

【同期声】张桂绵　第 27 军第 80 师第 239 团 2 营教导员（84 岁）

他拿去以后就给大家看，说你看这个战利品多好，你看这个布多漂亮，又是蓝的又是白，什么颜色都有，说的时候叫他营长看到了，哎，什么东西我看看呢，他一看，这是敌人的军旗，这个军旗就这么缴回来了。

【解说】

美7师第31团又称"北极熊团"，曾于"十月革命"后入侵过苏俄的西伯利亚地区，故得此名。如今，这面"北极熊团"团旗，作为国家一级保护文物，收藏于中国人民革命军事博物馆。这是朝鲜战争中，志愿军唯一一次成建制全歼美军一个团的光辉战例。

【解说】

12月5日，陆战第1师师长史密斯接到麦克阿瑟."尽快撤到咸兴地区"的指令。12月7日，美陆战1师主力从下碣隅里撤到了古土里，这条只有18公里的道路，当时世界上机械化程度最高的美军竟然走了38个小时。

【同期声】齐德学　军事科学院原军史部副部长（少将）

美陆战第1师在历史上，从来没用过撤退的字眼，但是在朝鲜战场上第一次撤退了，所以对他们的心里影响非常大。

【解说】

12月11日，撤到咸兴的美陆战1师，战斗减员4000余人，非战斗减员7000余人。在美国海军舰载飞机、舰炮的掩护下，于12月25日在兴南港乘船从海上撤离，这一天恰好是西方的圣诞节。

【同期声】李元　时任第27军参谋长（2006年采访）

打美国人啊，我们有个经验，拼火力拼不过它，就用近战、夜战，晚上同他打，靠近打。逼着你靠近打，一打他就缴枪投降，还带着个投降证，手一举投降了。

【同期声】齐德学　军事科学院原军史部副部长（少将）

抗美援朝战争当中，对美军打的最厉害的一次战役，就是对美军最沉痛的一次打击，就是第二次战役。他们不知所措，麦克阿瑟被打蒙了，美国当局也被打蒙了。这个时候，他们都不知道该怎么办了。艾奇逊当时讲过一句话，就说总统和总统的顾问们，都知道出了问题，但是问题出到哪，谁也说不出来。

【解说】

12月24日，志愿军第9兵团和朝鲜人民军一部收复了咸兴、兴南地区及东线沿海各港口。

【同期声】杨凤安　时任彭德怀军事秘书（89岁）

所以说志愿军最可爱的人不是空说的，真是不假。彭老总讲，抗美援朝比红军过草地艰难得多。

【解说】

在打扫长津湖战场时，那一幕幕惨烈的景象，令亲历者终身难忘。

【同期声】邹世勇　第27军第79师第235团3连副指导员（85岁）

我们是上午九点多钟从那个地方路过的，战士们一个一个的在那个雪坑里，枪都朝着公路摆着。我一看我知道这是20军的部队，有的带着大盖帽，每一个人，每一个人的耳朵都用毛巾把它这么样围着在那儿，我们从那儿过，他不动，我就看看，看看也没有动静，我就扒拉扒拉看，都硬了，起码有120个人，那个场面，真是悲壮，整个的一个连，一个没有活的，那是永生难忘。

【同期声】李春华　第 26 军第 78 师第 232 团 1 连指导员（84 岁）

长津湖那个战场上，我们后边人去的时候，那都是，遍地的都是死尸，也有我们志愿军的，也有美国鬼子的。

【解说】

在距离长津湖战场遗址不远处的烈士陵园中，安葬着 9867 名中国人民志愿军烈士，他们都是在这次战役中付出了年轻的生命。

【解说】

1952 年 7 月，宋时轮奉调回国，车行至鸭绿江边，他让司机停车，面向长津湖方向默立良久，脱帽弯腰深深鞠躬，当他抬起头来，警卫员发现，这位身经百战的将军泪流满面，不能自持！

【解说】

第二次战役从 11 月 25 日西线反击开始，至 12 月 24 日战役结束，历时一个月，从根本上扭转了朝鲜战局。志愿军共歼灭对手 3 万 6 千余人，其中美军 2 万 4 千多人。帮助朝鲜人民收复了平壤，使世界为之震惊。美国前总统胡佛承认："美国在朝鲜被共产党中国击败了"。美联社则痛心疾首地表示：这是美军历史上"最丢脸的失败"，"最黑暗的岁月"。

第四集　攻克汉城

导语

　　首尔，韩国的首都，一座国际化的大都市。2005 年时任汉城市长的李明博宣布将首都的中文名称由"汉城"改为"首尔"。朝鲜战争爆发后的第三天，1950 年 6 月 28 日，朝鲜人民军一攻而下，占领汉城。"联合国军"在仁川登陆后，于 9 月 28 日攻陷汉城。1951 年 1 月 4 日，汉城被朝鲜人民军和中国人民志愿军部队再次收复。3 月 14 日，人民军和志愿军主动撤出，汉城又被"联合国军"占领。这座当时有着 150 万人口的城市，在九个月内，于朝鲜人民军、中国人民志愿军和联合国军之间四度易手。

【解说】

1950 年的圣诞节，是美国总统杜鲁门执政时期最灰暗、最消沉的时刻。朝鲜战场上，中朝军队英勇善战，令世界刮目相看！麦克阿瑟不再是美国的英雄，杜鲁门紧急召开国家安全委员会，研究"这场灾难性失败"所带来的危局，以及第 8 集团军司令沃克中将意外身亡后的接替人选。

马修·李奇微——美国陆军副参谋长。二战后冉冉升起的军界新星，登上过《时代周刊》杂志的封面。朝鲜战争伊始，李奇微就密切关注着朝鲜战局，那片遥远的土地，几乎每一处地名，他都耳熟能详。1950 年 12 月 25 日，时年 56 岁的李奇微接到命令：接替沃克第 8 集团军司令官的职务，当晚启程，飞往远东！这位以治军严谨、战术机敏著称的将领，简单收拾行囊，并写下遗嘱。带上一张与妻儿的合照，在圣诞之夜登上了飞往远东的飞机！

【同期声】军事科学院原军史部副部长　齐德学（少将）

李奇微是朝鲜战争期间，三任联合国军总司令当中，军事指挥才能最强的一位美国将军，他既不同于麦克阿瑟的狂傲，也不同于他的后任克拉克的谨慎作为，甚至是无所作为。李奇微是会治军，也会打仗。

【解说】

多年之后，在李奇微的回忆中，有这样一段话：我将面临的问题，和我在军校学过的、和我所经历过的战争不大一样。这不是程度上的差别，而是性质的基本不同。敌人在战斗力上占优势，而且擅长朝鲜的山地作战和夜间作战，战局是险恶的。如果，教官现在问我该怎么办，我该怎么回答？

就在李奇微苦思冥想如何扭转战局之际，他的对手——志愿军司令员彭德怀也在思考：下一步该怎么打呢？

1950年12月3日，毛泽东秘密会见金日成就曾提出："战事有可能迅速解决，但也可能拖长，我们准备至少打一年，朝鲜方面也应作长期打算"。二次战役后，彭德怀主张志愿军暂不越过三八线，部队需要休整两三个月，明年春天再作战。作为战场一线的最高指挥官，彭德怀最清楚：为了胜利，志愿军战士们付出了多大的代价！

【同期声】第20军第59师后勤部卫生处干事　陈煜轩（88岁）

第二次战役，总的情况就是后方供应不上，前面打仗的时候，我们没有粮食。司务长（见）没有粮食吃，到老百姓家里去动员，那个土豆，土豆把它煮熟了，煮熟了送到阵地上去，阵地上保暖也不行，揣到这个大衣袋里边，到那边去都冻住了，咬不动了。

【同期声】第27军第79师第235团3连副指导员　邹世勇（85岁）

一个战士分了3、4个土豆，怎么吃，没办法吃，我们就采取办法，就是拿一个土豆，放在这个地方，胳肢窝里，这边一个，这边一个，就这么夹着，夹着以后呢，化一层啃一层，啃完了再化，这个啃完了再化，就这样子，我们在冰天雪地里，把这几个土豆啃完了。

【同期声】第 20 军第 58 师第 172 团 8 连副指导员　孙荣臣（85 岁）

我穿的袜子、鞋子、肉皮这三样粘在一起了，脱不下来了，战役结束了，脱不下袜子了，也脱不下鞋子来，都冻上堆了，我在老百姓那个热炕上，坐的一个月，才脱下鞋子袜子来。

【同期声】第 39 军第 115 师第 345 团 4 连连长　周仕明（88 岁）

说实在的，我们的战士是真可爱，真可爱啊。就在那样艰苦的环境，那么激烈的战斗，始终情绪饱满。为了祖国，为了人民，为了打败美帝国主义，大家真是豁出命了，为了保卫祖国啊。

【解说】

然而，瞬息万变的政治形势，没能给彭德怀需要的时间！　1950 年 12 月 14 日，在没有中国代表参加讨论的情况下，美国政府操纵联合国通过成立了"朝鲜停战三人委员会"的决议，要求"立即停火"。周恩来总理针锋相对发表声明："在没有一切外国军队撤出朝鲜以及朝鲜的内政由朝鲜人民自己解决作基础，来讨论停战谈判，都将是虚伪的"。毛泽东在给彭德怀的回电中明确指出："目前美、英各国正要求我军停止于三八线以北，以利其整军再战。因此，我军必须越过三八线，如到三八线以北即停止，将给政治上以很大的不利。"

军事必须服从政治的需要！彭德怀抛开困难，准备应战，并很快向毛泽东汇报了越线作战的计划。毛泽东在回电中体恤地强调："在战役发起前，只要有可能，即应休息几天。恢复疲劳，然后投入战斗"。但是，缺乏机械化运输的志愿军们此时已没有任何调整的时间，当晚就奔赴战场！

【同期声】彭德怀军事秘书　杨凤安（89 岁）

彭老总接到主席的命令马上布置部队打第三次战役。所以彭老总这个时候作战方针是稳打稳扎，方针定下来发给毛主席，毛主席非常同意。

【解说】

彭德怀经过反复斟酌，最终确定了第三次战役的作战计划：集中志愿军 6 个军，在北朝鲜人民军 3 个军团的配合下，采取"稳进"方针，分左右两路实施正面突破，粉碎敌人在三八线上的防御阵地，相机占领汉城。战役目的是突破三八线，重点是消灭南朝鲜军队。

【同期声】军事科学院原军史部副部长　齐德学（少将）

12 月 8 号，周恩来起草一个就是中朝联合司令部（的职责），彭德怀任司令员兼政治委员，朝鲜派出就是人民军前线总指挥，一个是金雄为联司的副司令员。联合司令部的职责，它就是统一指挥前线作战，和与作战有关的交通运输，物资筹措，人力物力动员等事宜。

【解说】

为保证战役的胜利，志愿军总部从国内抽调了 8 万多名有作战经验的老兵补充到前线，前线各军来不及补充给养的，就地向百姓筹借粮三万多斤。

1951 年岁末，志愿军的 6 个军和北朝鲜的 3 个军团，近 30 万人组成了浩浩荡荡的大军，在月色中，自北向南急速往三八线方向行进。志愿军第 38 军之前缴获的一种特殊的战利品，此刻成了行军时的累赘。

【同期声】第 38 军政治部组织部青年干事　李淼生（86 岁）

好几桶，咱们一看这什么玩意儿，拿着倒水一冲，一看里面是黑不隆冬的，就扔了，扔掉了。那时候不知道它是咖啡。扔掉了，112 师就问，扔掉干什么呀，别扔。说那有什么用啊，有用，说咱们把它拿出来，拿那个水一和，那时候下雪嘛，部队行走的时候这是路线，你该往东走，该往西走，岔口的时候，就把那个咖啡汤当路标泥，就这么走的。

【解说】

伴着咖啡的香气，中朝军队在朝鲜东西两岸之间沿三八线 200 公里的正面一字排开。这是志愿军入朝以后组织的第一次进攻战役，也是志愿军和人民军两军的首次大规模协同作战。

位于汉城以北 75 公里的临津江，是汉江的支流，其中游的一段正好横泻在三八线上，两岸山高坡陡，江面宽度 100 余米。被摆在第一线的南朝鲜军，在南岸构筑了纵深约 9 公里的 3 道防御阵地，多道铁丝网加上巨大的雷场，密集的碉堡群，"联合国军"将临津江称为"铜墙铁壁"，是"不可逾越"的地方。

【同期声】第 39 军第 116 师司令部通信科长　魏斌（85 岁）

那个时候我们没有制空权，白天就被敌人控制的。所以敌人它在已有防御准备的条件下，我们实施进攻是非常困难的，特别我们当时的指挥员就在这样的条件下，都是在夜间一点点的观察。

【解说】

第 39 军第 116 师担负着突破临津江的主攻任务，突破口选在临津江凹向敌人的江湾。

第 116 师师长汪洋是抗战时期参加革命的知识分子，是个文武双全的优秀指挥员。他亲临前沿阵地探水深、冰层厚度，以及地雷场、铁丝网、地堡群的准确位置。

【同期声】第39军第116师第346团3营副营长　王振斌（89岁）

我们突破临津江准备一个礼拜。这一个礼拜，各级干部对临津江对过守卫的敌人，它的兵力的部署，它的地堡，它的工事，它的纵深、前沿，它的战壕等都弄得清清楚楚，连小组长每天晚上去看，每天晚上去摸地雷。

【同期声】第39军第116师司令部通信科长　魏斌（85岁）

特别是四个突破口，都是经过反复的侦察，以致于夜里面去测试水的深度，你得考虑有多深，太深又不行啦，当时都是齐腰深，一米多一点，都是侦察得非常的周密。

【解说】

第346团侦察员张国汉在临津江突破口的冰面上，边爬行边测量着冰层的厚度，近一个钟头，南朝鲜军哨兵射出的子弹在他头顶前划过。耳边传来美军对讲机的声音。此刻浑身已经冻僵的张国汉回头望望江北，很是纳闷：这几天大伙儿一直嘀咕的那个叫做三八线的东西到底在哪里？

此时，彭德怀焦急地关注着大战之前各部队的战前准备：炮兵行进速度太慢，暴露目标遭美军轰炸，还未到达预定位置的电报，这些问题都让他焦虑不安。而新上任的美第8集团军司令李奇微，走下飞机旋梯时，则显得悠然而自信，人们看到的是另一个活脱脱的麦克阿瑟，尤其是脖子上吊着的两颗美式甜瓜形手雷，昭显着他在战场上个性张扬的一面。在汉城，他见到了情绪悲观失望的李承晚，进行一番安抚之后，便迅速来到位于汉城的前线指挥部。

【同期声】军事科学院原军史部副部长　齐德学（少将）

李奇微这时候他的部队，已经是处于草木皆兵的状态了，完全是溃退的状态。李奇微当时讲过一句话，他说我们陆军的老祖宗，看到你们这种状态，他们会在坟墓里气得打滚的。

【解说】

李奇微清醒地意识到：第8集团军在中国志愿军的打击下"肉体和心理都受到多么深痛的损害"。

翻开《李奇微回忆录》，在第102页上赫然写道：

每一个指挥所都给我以同样的感觉，即丧失了信心和斗志。军士以上的指挥人员都好像很冷淡，不愿回答我的问题，即使想从他们口中听到一些牢骚意见也不容易。

这支已失去信心的军队，即将面临另一支士气高涨、无畏生死但又装备落后、缺衣少食的中国士兵再一次的猛烈进攻。

突破三八线的政治工作尤为重要，第40军指战员开展以锦州战役中壮烈牺牲的英雄人物梁士英为榜样的学习活动，全军焕发出高昂士气，肩负尖刀连重任的"常胜连"连长朱子玉表态说："我如果没过临津江就牺牲了，请组织上把我埋在江南岸的阵地上"。在发起攻击之前，志愿军战士们做好了突破天险的一切准备。

【同期声】王振斌　第39军第116师第346团3营副营长（89岁）

江岸这边，在我们这边它都布置很多很多地雷，基本攻击前都把它排光了。它那个地雷呀，有好几种，一种是绊雷，绊雷就是铁丝，小铁丝互相连着的，地雷一个连一个，一个连一个，绊雷。还有跳雷，就是照明雷，你一碰到它，啪，跳起来了，跳一人多高，炸了，就像灯泡照着那样。还有一种就是反坦克雷，步兵踩上没有关系。在这一个礼拜把这些雷都基本排了，连当时团长吴宝光他都去了。晚上都趴在地上慢慢地搜，摸、排，不排光你下不了江。

【同期声】沈穆　第 39 军第 115 师作战科副科长（87 岁）

我们呢，把火炮转到地下，放到坑道里面，所以敌人飞机、炮打不到我们，但是我们呢，照样生存，照样发射，这是在朝鲜战场上如何发挥我们以劣势的装备，去战胜技术装备比我们优势的敌人，我们采取了许许多多办法来保存自己。

【解说】

1950 年年末，在零下二十多度的江北岸的雪夜中，第 116 师的 7500 多名官兵隐蔽在已被冰块和积雪伪装的交通壕中，155 门火炮和 500 匹骡马全部转入地下。在他们周围，还有十几万志愿军官兵同样蜷曲在雪地的战壕中。这时，离发起总攻还有整整一天的时间。

【同期声】郑起　第 39 军第 116 师第 347 团 3 营 7 连司号员（81 岁）

我们离敌人只有不到 500 米那么远的一个小松树林里头，雪坑里趴着，我们的战士那是咬着牙呀，跺个脚也不能跺呀，动，也不能打滚也不能动，就在那种情况下，我们一直坚持到一天一宿。

【同期声】王振斌　第 39 军第 116 师第 346 团 3 营副营长（89 岁）

一人发一个白布，雪还在下，白布，一下下雪，和地是一样的，敌人的飞机第二天白天就在上头，老这么转，它也没有发觉一个人。

【同期声】郑起　第 39 军第 116 师第 347 团 7 连司号员（81 岁）

朝鲜老百姓对我们是相当支援呀，不是一般的。杀了黄牛，用这个酱油给我们炸，炸熟牛肉，给我们钢铁七连每人一块牛肉，大约一斤左右，还有两把栗子，树上结的那个板栗，所以当时我们的战士那高兴的不得了，说老百姓都把黄牛都杀了，支援我们钢铁七连，你们要趟水过江啊。

【同期声】魏斌　第 39 军第 116 师司令部通信科长（85 岁）

我们要发射进攻信号。信号发射点，冲锋方向，就离敌人只有 200 多米，敌人的行动我们能看得见，但是要执行任务又不能暴露目标，暴露目标你整个意图都暴露了，怎么得了。所以身上都是披点白布，然后都在趴着，根本不能走。

【解说】

在大雪纷飞的汉江北岸，信号弹划过新年前夜的上空，中国志愿军的炮兵拉开了第三次战役的序幕，炮火准备，尽管只有二十分钟，但这已是朝鲜战争开始以来中国军队规模最大、火力最强的一次炮击。

【同期声】黄云腾　第 39 军第 116 师山炮营 3 连连长（85 岁）

我这个炮呢就离它最远的八百米，最近的就是三、四百米。那可以说，打一炮准一个。说突破临津江那个战役啊，我们最妙的就是妙在这里，就是那个炮啊，直接瞄准。

【同期声】黄云腾　第 39 军第 116 师山炮营 3 连连长（85 岁）

一天这个脑子里面琢磨的东西，我就怎么样把炮弹送到敌人的碉堡跟前，工事跟前。怎么样把炮弹送去。结果到正式打的时候，步兵就喊炮兵万岁，炮兵万岁。都喊万岁了。当时我眼睛，刷刷地掉眼泪。我干件好事，叫步兵老大哥欢迎我。

【解说】

炮击一结束，志愿军各军指战员便跳入刺骨的江水中，无数名突击队员如潮水般涌向对岸，担任穿插任务的官兵迅猛插向敌人纵深。第 39 军第 116 师仅用 50 分钟就渡过了临津江。

【同期声】魏斌　第 39 军第 116 师司令部通信科长（85 岁）

当时江面上是结冰，零下将近 20 度，敌人的飞机用炮把江面都炸掉了，我们战士都是蹚着齐腰深的冰、水，蹚过去的，冲到对面，我们那个战士就把这机枪，人站在水里面，机枪架在冰上面，到岸边了，支援步兵往上冲击。上岸以后，包括我们侦察兵，战士更是这样，棉裤冻了，鞋也冻了，有的时候弯腿都困难，弯腿咯吱咯吱响，行动都受到影响，时间稍微一长，冻得就失去知觉了。

【同期声】黄云腾　第 39 军第 116 师山炮营 3 连连长（85 岁）

突破临津江这个战役啊，这是我们军里最妙的一个战役，我们突破口选在哪儿呢？选在临津江最难上的悬崖。

【解说】

第 39 军第 116 师成功地突破临津江，后来被公认为是跨江奇袭的经典之作。1955 年秋，在当时的全军最高军事学府——南京军事学院战役系的将校级学员讲堂上，专门剖析了第 116 师突破强渡临津江的战例，结束时院长刘伯承元帅作了精辟的总结："39 军这个突破口选得好，选得正确，应该给满分嘛！"

在第 39 军顺利突破临津江的同时，第 38 军、第 40 军和第 50 军，也先后全线突破临津江。

【同期声】林家保　第 50 军第 149 师第 445 团 1 营教导员（86 岁）

过江的时候，战士徒涉，都把棉衣棉裤脱了，顶在头上，那个水呀，刺骨的扎，脚下去以后啊，木的，不知道下边是泥巴是沙子是石头，冻木了，营部的一个教员他没有听话，他穿着解放鞋过江，他是四川人，结果过江过去以后呢，不到几分钟，鞋子脱不下来了，这冰啊，把这个鞋子冻在一块了，不脱不行啊，一脱，皮就撕掉了，流血。

【解说】

当年的一位美军顾问，后来回忆起他看到的那一幕时，是这样描述的：他们跑得很慢，因为他们的裤腿被冻住不能弯曲，他们火力很弱，枪好像也被冻住了，他们像僵硬的原木在移动。我们用卡宾枪、机关枪和大炮向他们射击，他们一个个像原木一样倒下，可总是不断地有人冲过江面。江水红了，洁白的冰雪也红了。我被那个像僵硬原木移动的场面惊呆了，被那些无畏死亡的士兵灵魂震撼了，当时我就知道，这是一场没有希望的战争。

在 200 公里宽的战线上，30 万中朝士兵，趟过雷场，涉渡冰河，一批批志愿军战士在枪林弹雨和严寒中倒下，更多的战士仍鼓足士气、向前猛冲。

【同期声】黄云腾　第39军第116师山炮营3连连长（85岁）

有一个战友啊，画图画得好，他能把哪个地堡，哪个机枪火力点，都能画出来，能保证我这个炮啊，把它打掉。这个战士牺牲了。那是弟兄啊，生死弟兄啊。忘不掉，直到现在我也忘不了。打仗的时候失去最好的战友啊，这比自己伤个胳膊、伤个腿啊都难受。这难受到什么程度都说不出来。有时候在被窝里偷偷哭，我都八十多岁了，还偷偷哭。就哭这些战友，甚至哭这些骡马。

【解说】

在志愿军右翼集团向南猛攻的同时，左翼集团的第42军第373团和第372团4连配合作战，也一举拿下天险——道城岘。

【同期声】刘文奎　第42军第125师第373团作战参谋（84岁）

敌人选择构筑工事的时候，就选在这个悬崖绝壁，立陡似崖，再加上下雪，雪又很深，一埋呢，几乎就找不到路，找不到合适的路，后来就贻误了好长时间，快天亮了，双方的指挥员就很着急，下死命令，一定要在拂晓前拿下道城岘，后来部队一鼓作气，爆破手把敌人两个机枪碉堡给炸毁了，才有助于大家快速攀登。

【同期声】李维英　第42军第124师政治部宣传股长（91岁）

那一天真累啊，天亮了下了山，首先在巨陵川遇到敌人，南韩一个营，这个四连的小老虎一样，那就机枪一打，那个部队一扑上去，一个营基本上报销了。

【解说】

在随后自道城岘至济宁里的进攻中，第124师第372团4连18小时急行军75公里，毙伤南朝鲜第2师共计2700余人，5班年仅19岁的班长冷树国，光着双脚，一路追击美军，在肉搏中俘虏一名该师的美军上校顾问。被授予"追击英雄"的荣誉称号。而他所在连队，也被志愿军总部命名为"三八线尖刀英雄连"。这支英雄的连队，如今仍是第42集团军的主力连队。

整整一夜，美第8集团军指挥部里电话不断，电报像雪片一样飞来：从东到西的几百公里防线上，中朝军队竟然很快就实施了全线突破！第一线的南朝鲜师全部处在危机之中，精心布置的第一线守军就此土崩瓦解。李奇微不禁感叹："真没想到中国人在这片毫无生机的荒原上发起了元旦攻势。

突破"联合国军"的第一道防线后，志愿军6个军和人民军3个军团，乘胜继续向纵深进攻，1951年的元旦，西方记者们来不及享受难得的假日，争相报道"联合国军"溃退时的情景；法新社记者和合众社记者的报道更加直白："美第8集团军在撤退时实行了"焦土"政策，从三八线向南撤退的整个地区焚烧一空。白烟在撤退的路上漂浮，烟雾蔽天，终日无光"。

《李奇微回忆录》：

元旦上午，我驱车由北面出了汉城，结果见到了一幅令人沮丧的景象。韩国士兵乘着一辆辆卡车，正川流不息地向南涌去，他们没有秩序，没有武器，没有领导，完全是在全面败退。他们只有一个念头——

逃离中国军队愈远愈好。

这是李奇微在所经历的历次战争中，所见过的最狼狈、最令人沮丧的溃逃部队，尽管他鸣枪示警，但也无济于事。

【同期声】杨凤安　时任彭德怀军事秘书（89岁）

第三次战役，敌人在部署上的一个错误，敌人错误在哪里呢？它把南朝鲜部队摆在第一线，美军摆在第二线，结果我们一打的时候，一个小时突破了阵地，突破了以后，南朝鲜的部队一见志愿军它就吓坏了，他都怕穿胶鞋的，他一看是解放鞋穿着来了，就吓破了胆了。所以把重武器啊，甚至那个步兵连枪都不要了，就不要命的逃跑。这么一乱是把美国的防御，一下子也都涌下去。他不可收拾了。彭老总一看这个情况，乘胜夺取汉城。

【解说】

釜谷里，是一个距离汉城仅三十公里的小镇。1月3日黎明，志愿军第39军第116师第347团奉命占领此地，但他们没有想到的是，此时釜谷里的守军已经不是南朝鲜军队，而是二战中参加过诺曼底登陆的英军精锐——第29旅的皇家来复枪团。

【同期声】郑起　第39军第116师第347团7连司号员（81岁）

老百姓说，就有一个连，团长就下决心了，没什么了不起的，一个连的话，咱们一个团呢，拿3个连上去打，结果1、3连他们先上去了，打了半天，结果越打越多了，敌人不是一个连，是联合国那个联队，他一个联队就是一个团，结果这一打啊，团长说，这完了，师长就，电话里把团长骂了，你这个怎么搞的，一个联队是一个团，你都没搞清楚，你打什么仗啊，我要给你处分，这团长就着急了。

【解说】

激战中，3营伤亡巨大，7连连长身负重伤，其他连排干部也相继牺牲。英军的士兵又一次扑向7连阵地。

【同期声】郑起 第39军第116师第347团7连司号员（81岁）

连长胸部中弹，连长就跟通信员和我说呀，我们从来没打过败仗啊，你们一定要守住山头啊。当时我就说，我说连长你放心吧，枪交给我吧。连长这个很费劲地把手枪掏给我，我站在山头我就喊，我说大家听我指挥，就在这个时候，大伙都异口同声地回答，我听您指挥，我们能够参加战斗的，还有19个。

【解说】

郑起，时任7连司号员，此时开始代理连长指挥作战，他迅速将19人分成几个战斗小组，组织全连轻重火器有序开火，粉碎了敌人的多次进攻。

【同期声】郑起 第39军第116师第347团7连司号员（81岁）

敌人向我山头开了将近五千发炮弹啊，把我山上这么粗的，碗口粗的树，头都没了，山上的雪是一点白的没有了，我们想解解渴，找一块白雪，都找不到了，到处是炮弹坑啊。团长说，你们要像钉子一样，把这山头占上，钉在那个地方，不允许把山头仍掉，就给我们七连的任务，非常艰巨，为什么呢？这是通往汉城的公路，要把这个小山头守住，敌人就过不去。

【解说】

战至下午4时，一个营的敌军在6辆坦克的掩护下，再次向7连阵地发起了猛攻，在距离阵地仅40米时，7连仅有的7名战士将一根爆破筒和几个手榴弹投向敌群。

【同期声】郑起　第39军第116师第347团7连司号员（81岁）

我连续扔两个手榴弹，当我第三个手榴弹刚要往外扔的时候，我是左撇子，敌人一个手榴弹就扔我屁股后面了，把我这炸倒了。炸倒之后，我拿手一碰，我这地方就疼啊，这血哗哗地淌下来了，在我胳肢窝上。我咬着牙，又把手榴弹扔出去。冲锋枪我又向敌人射击。当时情况比较紧张了，我一看后面也没动静，我说干脆我吹号吧，就这样我把号摘下来，我就吹冲锋号，滴滴答滴滴滴，滴滴答滴滴滴，其实我那时候不知道哪来的那么大的劲呢。

【同期声】王伟　第39军第116师司令部协理员（88岁）

弹药打光了，子弹也没有了，敌人冲上来了，他想就吹吧，吹了喇叭。敌人最怕，在山上一吹，山沟里有回声，结果敌人都下去了，退了。他退了以后，正好我们的主力到了。

【解说】

战场的号声让将要占领阵地的英军疑惑了，紧接着他们开始转身向后一路狂奔，郑起一遍一遍的军号声，一直将敌人吹到公路上。随后这个营被赶来增援的第347团主力全歼。

【同期声】魏斌　第39军第116师司令部通信科长（85岁）

　　我们班排之间没有联络，后来就有小喇叭吹，这样联络就会暴露自己，但是也没有办法，这也倒是一个特色，敌人一听到我们的小喇叭一叫就害怕，知道离他们不远了，连和排主要靠号。

【解说】

　　郑起的那支军号，作为一级文物被永久收藏。

　　同一天，另一支英军的精锐部队 --- 英军29旅"皇家坦克营"，也难逃厄运。志愿军第50军两个营的战士，在没有反坦克武器装备下，仅靠爆破筒、炸药包和手榴弹，炸毁和缴获英军坦克和装甲车31辆，并生擒少校营长柯尼斯。

【同期声】林家保　第50军第149师第445团1营教导员（86岁）

　　因为那个山沟啊，底下都是一片稻田，稻田冻冰了。敌人一般的坦克进去以后啊，它跑不快。战士很勇敢。但是说老实话，咱们也不能拿鸡蛋碰石头啊，步枪没有用，刺刀没有用，战士干着急。怎么办呢，大家一研究啊，大家必须要找准时机，你就炸履带，炸别的地方没有用。那个炸履带你要接近坦克，而且是要找准时机，最好呢是坦克在上爬或者在转弯，它的速度在减慢的时候，这个时候是最好。

【同期声】郑竹书　第50军司令部作战参谋（91岁）

　　炸掉了一辆，他就慌了，因为是在夜间，黑夜，所以他这个兵的话，就从坦克上往外乱跑，跑呢，我们这个战士在底下就堵住了，堵住的话，就把他的大的坦克都打在公路中间，他的小坦克呢，一看大坦克堵着路没路可走啊，就往四边的山上跑。

【解说】

佛弥地山谷顷刻间变成一片火海，多辆坦克到处乱开，它们互相撞击，发出巨大的声响。此时，一辆中国志愿军从未见过的巨大型坦克开了过来，速度很慢，像是一座小山在移动。

【同期声】林家保　第50军第149师第445团1营教导员（1927年生人）

当时敌人的喷火坦克呢，它喷的远，五十米以外，火焰喷出来，叮铃铛，叮铃铛，就像那个小铃铛响一样。以后抓了俘虏一问，这喷火的里面带铁砂，那个小铁砂啊，黄豆大的大，有高粱米大的，后来呢，是用手榴弹把喷火坦克消灭了。

【解说】

当第50军两个步兵营歼灭英军一个坦克中队的战绩，上报到志愿军司令部时，得到的回电是：再核实一下！并指派军摄影记者胡宝玉去阵地核实。

【同期声】胡宝玉　50军摄影记者（84岁）

徐文烈政委在指挥所里，他就说，他说胡宝玉，他说现在有一个紧急任务，打一个胜仗呢，战果已经上报了，上面还要做一个慎重的证据，你跟着一个排护送你。你回到战场上去，把所有的东西把它拍下来。

（我们）都是用这个轻火力，就是机枪啊，爆破筒、炸药、炸药包。这些东西能够消灭一个坦克营，这是个奇迹。这谁不会相信的。因为正好那个地形，它是个山坳，公路就在当中，底下有坡，咱们志愿军的一种打法，先把它掐了头了，李光禄是消灭第一辆坦克，搞掉以后呢，后面过不去了，就一个一个切割它。

【解说】

英国皇家坦克营 31 辆重型坦克被第 50 军用最原始的方式打掉了 27 辆，缴获 4 辆，毙敌 200 余名，同时，战场上缴获的 18 辆给养运输车，令胜利后的战士们大开眼界。

【同期声】林家保　第 50 军第 149 师第 445 团 1 营教导员（86 岁）

那时候我们几个老土包子，既没有吃过，也没有见过，一桶 20 斤，打开一桶，战士说，硫黄，一脚踢开了，说敌人打仗用你用这么多硫黄干啥呢，结果扔的遍地。以后呢，押着俘虏从前面经过，那个俘虏啊，当然也有好的啊，一看见把这个鸡蛋粉撒的遍地，他就说那是吃的，这个硫黄能吃吗？战士说，咱们叫他先吃，那个俘虏，找了个钢盔，捧了捧雪在里头，撕点烂棉花，沾点汽油，往钢盔下面一点火，几分种，雪化了，水开了。捧两捧在里边，拿筷子一搅，鸡蛋，看出来了。他带头吃，大家说哦，鸡蛋粉哦，赶快命令连队都收回去。那个时候能吃到鸡蛋粉，上哪儿找啊。其它罐头知道，有豆豉罐头，豌豆罐头，肉罐头，鱼罐头，那些都会吃。就是不知道鸡蛋粉。闹了个笑话。

【解说】

1 月 3 日，志愿军各部对汉城形成了弧形包围圈。汉江的南岸也出现中国志愿军渗透的迹象，李奇微意识到：从整个战略上考虑，必须放弃汉城！

《李奇微回忆录》105 页：

我很清楚，我们将被迫放弃一些阵地。但是。我希望部队能在周密地勘察并精心构筑后方阵地之后有秩序地按照整线实施后撤。

当美国驻南朝鲜大使穆乔，将李奇微放弃汉城的决定告知李承晚时，李承晚不由得大声质问：李奇微将军上任才一个星期就要从汉城撤退，难道他的部队只会撤退吗？这句话深深刺痛了李奇微。李奇微说："告诉那个老头儿，我现在是从汉城撤退，而不是离开朝鲜，让他看看他的军队，是怎样在中共军队的进攻面前像羊群一样溃逃吧。"

当李承晚宣布"迁都"时，汉城再一次陷入一片混乱之中。有一半的市民选择逃亡，涌向汉江南岸。汉江上美军临时搭建的两座浮桥，挤满了车辆和人流，不断有人被挤下浮桥而掉进布满浮冰的江水中，凄凉的叫喊声在寒冷的风雪中令人毛骨悚然。李奇微亲临汉江大桥指挥。15时刚过，难民已经不允许在桥上通过。为执行这一命令，宪兵甚至向难民开了枪。在"联合国军"向汉江南岸撤退的同时，对汉城市区也进行了大规模有组织的破坏。

【同期声】齐德学　军事科学院原军史部副部长（少将）

他们从汉城撤退的时候，对汉城、仁川和金浦机场，都进行了疯狂的轰炸破坏。汉城的学校、医院、图书馆、博物馆都被破坏的非常严重。一个英国记者当时搭乘飞机逃离汉城的时候，他说汉城完全处在浓烟大火当中。另外美军的好多物资，在金浦这个地方，刚刚运到，时间很短，准备按计划往前线运的。结果因为志愿军发起了进攻，把他们往前线运输的计划完全破坏了。所以美第8集团军的后勤军官曾经抱怨说，我们前线只维持了一支烟的功夫，结果我们只好没有办法，物资不能运走，只好把它毁掉。那么几十万吨加仑的油料燃烧起来，那是一种什么景象，那简直是地狱一般。

【解说】

就在"联合国军"仓皇撤退时，汉城市郊已经出现了中国志愿军的身影。左翼第 42 军第 372 团，已经到达汉城以东的横城，并与美第 2 师第 38 团侦察营展开一场遭遇战。横城出现了中国志愿军的主力，使李奇微意识到，美军左翼溃败的速度比他预料的要快得多。

1 月 4 日，志愿军第 39 军、第 50 军和朝鲜人民军第 1 军团部队占领了汉城。在冒着浓烟和大火的街道上，一些市民往墙上贴着写有"欢迎中国志愿军"汉字的标语，而这些标语就覆盖在那些写有"欢迎联合国军"的英文标语之上。

【同期声】李文彬　第 50 军司令部作战参谋（82 岁）

当时来讲，进汉城这个城市，说是解放了，当时一切那是由朝鲜人民军他们当地去处理了，志愿军那个时候到了那个地方，那主要是，那些仓库要占领，什么药品、粮食、副食品之类这些东西。汉城，美国人是有意放弃的。放弃了以后，它白天那个城它飞机不轰炸，飞机不炸，只要离开了城外，一条狗它都扫射。

【解说】

第三次战役，中朝军队经过 9 天连续进攻，突破了"联合国军"在三八线的防御，占领汉城。并将战线推进至三七线附近。当李奇微从汉城撤退时，显得颇为从容，他收好那张全家福照片，把他平时穿的那件睡衣钉在了墙上，并在旁边写了一句话："第 8 集团军司令官谨向中国军队总司令官致意！

李奇微自达朝鲜前线，就下命令："一旦实力允许，立即恢复进攻"。久经沙场的彭德怀清醒地意识到：李奇微，将是一个更强劲的对手！

第五集　血洒汉江

导语

1989 年初，一位美国历史学家在收集有关朝鲜战争的史料时，特别访问了韩国一个叫作砥平里的小村庄。据当地一位老人提供的线索，他在北纬三十七度线附近挖出了十九具中国士兵的遗骸，还有军装、子弹、水壶、牙刷、胶鞋等遗物。

1989 年 5 月 12 日，这 19 具志愿军烈士遗骨，由军事停战委员会"联合国军"方面移交给朝中方面。当天下午，烈士遗骨被安葬在开城中国人民志愿军烈士陵园内。

砥平里，位于三八线以南 40 英里，汉城以东 50 英里，在抗美援朝第四次战役中，给交战双方都留下了刻骨铭心的记忆。

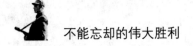

【解说】

1951 年 1 月 8 日，当志愿军的前锋越过汉江，将"联合国军"驱逐至北纬三十七度线附近之平泽、安城、堤川、三陟一线时，彭德怀在反复查看敌我态势后说："乘胜追击容易，但我们要十分慎重"。并判断敌人放弃汉城，继续后撤是醉翁之意不在酒，随即下达了"全军立即停止追击"的命令，留一部分部队就地占领有利地形，构筑工事，以防敌人的攻击。

【同期声】第 50 军 149 师 445 团 1 营教导员　林家保

中央啊，毛主席考虑啊，不能再前进了，敌人为什么这么大踏步的撤退，我们追不上，他有他的打算，他就叫诱敌深入，然后再包我们的饺子。人家有经验，从朝鲜半岛，从两边这个海里一包，包饺子。所以呢，中央命令彭老总停止追击。

【解说】

中朝人民军队转入休整后，1 月 14 日，毛泽东指示志愿军："在目前开始的两个月至三个月内，补充新兵到军队里去，使新兵向老兵学会作战方法。加强军队的装备，修理铁路，储备粮弹，改善运输系统和后方勤务工作。"根据"联司"制定的休整计划，着手三月份发动春季攻势的准备工作。

1 月 25 日至 29 日，志愿军和朝鲜人民军召开的中朝两军高干会议，会议前夕，时任苏联驻朝鲜大使、朝鲜人民军总顾问的拉佐瓦耶夫，对彭德怀胜利后停止进攻的决定提出强烈质疑。

【同期声】彭德怀的军事秘书　杨凤安（89 岁）

苏联大使拉佐瓦耶夫讲，古今中外没有看到这样打仗的，在胜利追敌面前停止追击。彭老总就耐心地解释：第一我们兵力没有补充，第二敌人虽然被打击，但是敌人的主力没有打击，敌人的海空军占优势，我们只有陆军，人家有陆海空三军，我们攻下去怎么不利。苏联大使是摇头啊，他说我不听，他们说坚持要打下去。

【解说】

苏联驻朝大使拉佐瓦耶夫在遭到彭德怀措辞强硬的拒绝后，并不罢休，又将此事电告斯大林。

【同期声】彭德怀的军事秘书　杨凤安（89 岁）

毛主席把这个电报转给斯大林了。斯大林以后回电报，他把朝鲜称为东方，东方战线的指挥，一切听彭德怀的，彭德怀是久经考验的天才军事家。

【解说】

斯大林批评了拉佐瓦耶夫，并将他撤职，调回苏联。作为朝鲜的领袖，金日成对彭德怀放弃追击更有意见，在和彭德怀初次讨论不欢而散后，在君子里的矿洞，朝中双方就此问题举行了正式会谈。朝方坚持认为，只要志愿军南进，美军一定会退出朝鲜。

【同期声】*彭德怀的军事秘书　杨凤安（89岁）*

那彭老总说那人民军先试一试，志愿军做后盾，他们就摇头说不行不行，要志愿军上去，彭老总这时候发火了，一拍桌子，就这样定了，你们拿着人民的生命当儿戏。

【解说】

历史证明，彭德怀的判断是正确的。在第三次战役中，"联合国军"丢掉韩国首府汉城，退至三七线附近，致使美国的威信受到严重损害。在英联邦总理会议上，英国公开提出：他们"不应使美国的政策把联邦牵累太深"，主张同中国进行谈判。但麦克阿瑟等人依然主张将战火引向中国，1月12日杜鲁门总统决定"除非联合国军由于军事上的原因被驱逐，决不自动撤军"，第二天，他们还操纵联合国通过"立即安排停火"的五步方案，即先停火后谈判。

【同期声】*志愿军司令部作战科科长　孟照辉*

三次战役一结束，就开中朝联席干部会议。毛主席就考虑到，可能三次战役结束以后，很可能在一二月份，要逼迫我们再打一仗或两仗。

【解说】

第三次战役结束后，新上任的美第8集团军司令官李奇微发现，志愿军三次战役的进攻周期均为一周，显然，这是志愿军在无制空权、后勤补给难以接济的条件下，步兵携行量仅能支持的作战时间。发现志愿军客观存在的弱点后，1月25日，李奇微下达"联合国军"全线出击的命令："向北进攻，直至碰到敌人的主抵抗线为止。"美军先西线后东线，多路同时展开大规模攻势。

第四次战役一开始，李奇微就登上了一架老式教练机，深入到志愿军战区进行空中侦查。李奇微在回忆录中写道："没有篝火的烟雾，没有轮痕，甚至没有被践踏过的雪地——没有任何迹象表明有大部队的存在。"刚刚结束第三次战役，正处于人疲马乏、亟待休整的中朝军队没有料到，李奇微这么快就恢复了进攻。

【同期声】志愿军司令部电台队长　杨雨田（83岁）

19兵团还没到，刚刚入朝，韩先楚副司令就叫我呢，搞一次无线电佯动。就是说，你弄一个汽车，带个无线电，在车上坐着，开出一百公里以外，到了汉城，明着（无线电）讲话，哎老大哥你们辛苦了，表示我们后去的部队已经到了。

【解说】

为了坚持长期作战和解决志愿军战场休整问题，2月上旬，中央军委"决定在朝鲜采取轮番作战的方针"，决定第19兵团3个军、西南军区3个军（编为第3兵团）和在朝鲜休整的第9兵团3个军，共9个军27个师，作为第二番部队，于4月中旬前后接替第一线作战。

【同期声】时任第50军149师447团政委　吕品

四次战役，它是从整个的来讲，它是要争取时间，要让我们的后续的兵团呢，开进，展开。进入防御工事，你这个地方挡不住，你后边的部队当时在往前走呢，19兵团，就是这些后续的兵团，才往前走啊。

【解说】

1月27日彭德怀正式向部队发出"停止休整，准备再战"的电报。

深夜，彭德怀给毛泽东发出如下电报："可否以中朝两军拥护限期停战，人民军与志愿军从乌山太平里、丹邱里（原州南）线，北撤十五至三十公里，如同意，消息请由北京播出。""目前弹、粮全无补充，最快亦须下月初旬，才能勉强出动。我暂时放弃仁川及桥头阵地，在国内外政治情况是否许可。""政治上如不许可放弃汉城、仁川，即须被迫部署反击，但从各方面考虑，甚为勉强。"1 月 28 日晚，毛泽东回电："我军必须立即准备发起第四次战役，以歼灭两万至三万美李军，占领大田、安东之线以北区域为目标。"

1 月 29 日，中朝高级干部会议立即改成第四次战役的动员会议。彭德怀为便于就近指挥，将前指移到金化。西线方面，由韩先楚副司令员到汉江、汉城方向组织指挥所，指挥第 50 军和第 38 军第 112 师和朝鲜人民军 1 军团，以 4 个师的少量兵力展开于金浦、仁川、野牧里至骊州以北组织防御，抗击"联合国军"向汉城方向的进攻。

东线方面由邓华副司令员指挥志愿军第 39 军、第 40 军、第 42 军、第 66 军于龙头里、阳德里、洪川及横城以北地区集结，准备向原州、横城方向反击。

【解说】

西线担任阻击任务的第 50 军，是由长春起义的国民党第 60 军改编而成，在第三次战役中全歼英军"皇家坦克营"而一战成名，并一直追敌至水原，是志愿军向南打得最远的部队之一。第 50 军按照命令，将已推进至"三七线"上的部队全部撤回至水原以北 40 余公里的修理山一线阵地转入防御。

【同期声】时任第 50 军 149 师 447 团 1 营 2 连指导员　艾维仁

102

　　毛主席根据这个咱们志愿军司令员兼政委彭德怀的建议，同意他的部署，部队往回撤一点，再往前打。在白云山构筑工事，组织防御。

【解说】

　　1951年1月25日，"联合国军"进至水原，与坚守白云山前沿阵地的志愿军第50军第447团形成对峙。白云山，与主峰修理山只有一山之隔，可以控制从水原通往汉城的铁路及两条公路，是双方争夺的重要战略要地，为查明敌情，打乱敌人的部署，第447团决定主动出击，夜袭水原城。水原市位于汉城市南44公里处，是韩国首都汉城的卫星城。

【同期声】第50军医疗队队长　曹宪治

　　戴汝吉营长带头冲，十八个勇士就一下子冲到那里头去了，一顿手榴弹就把这个大楼指挥机关打的稀巴烂。抓住六十个俘虏，回来了。没回来以前，撤出以后，又把外面有十台机车全部炸毁了。完了撤出以后，那有接应，就把他接回去了。通过审查、审问俘虏口中，知道敌人的企图了，战术企图了，这对我们组织第四次战役，参加四次战役组织这个汉江两岸五十昼夜阻击战起了很大的作用。

【同期声】第50军149师447团政委　吕品

　　这一次夜袭水原的成功呢，对我们部队这个鼓舞还是很大的，是我们白云山坚守十一昼夜的一个序幕，这个序幕还是很精彩，打死了美国兵，抓了美国俘虏，烧了他的汽车，烧了他的弹药（库）。

【解说】

3月31日《人民日报》在"朝鲜通讯"专栏报道了十八勇士夜袭水原城的光辉战绩。在3月23日至4月3日间《人民日报》还连续发表六篇关于第50军和第38军第112师的汉江南岸战斗纪实，著名作家魏巍在《汉江南岸的日日夜夜》中写道："这儿的每一寸土地，都在反复地争夺。这儿的战士，嘴唇焦干了，耳朵震聋了，眼睛熬红了，他们用焦干的嘴唇吞一口干炒面，一口雪……"。"这儿的每一个人都在经历着'日日夜夜'式的考验"。

第50军依托修理山、帽落山、光教山、文衡山等要点，构成第一道防御地带，依托博达里、内飞山、鹰峰、国主峰等要点，构成第二道防御地带，扼"京釜国道"咽喉，抗击美第1军全部和美第9军一部的进攻。在修理山的主阵地上，第50军血战3天，击退美第25师，击垮美3师一个团。第50军的战士们在弹药耗尽时同敌人白刃战，毙敌160余人，涌现了舍身炸敌群的特等功臣王英等一批英雄群体和个人。

【同期声】第50军医疗队队长　曹宪治

王英是孤胆英雄，仅剩下一条轻机枪，拿着轻机枪，点射也好，扫射也好，结果打死了一百多敌人。他的战友都战死了，他把这个机枪摔碎，把周围的几个手榴弹被他捆在一起，一拉响，向敌人人群里一冲，把敌人一下子好几十人也同归于尽了。

【解说】

坚守七宝山阵地的第50军第442团4连，毙敌200余人，在全连大部阵亡和负伤、阵地全部被毁的情况下，仅剩10余人突出重围。

【同期声】第 50 军摄影记者　胡宝玉

那时候我们部队都满员的，一个连队一百八十人，打到就是一个连队剩几个人了，残酷极了，最后就是没有弹药，用石头，用石头，拿那个山石砸敌人。

【同期声】第 50 军 148 师第 443 团 4 连指导员　浦绍林

这时候呢，团长接到蔡振国副军长来了个电话，问他你帽落山打的很激烈，师里也报告情况了，打的很激烈，你怎么样，你能不能守住？团长说，我把通信员、警卫员、炊事员、马夫，这些都动员上去了，请首长放心。

【解说】

第 443 团在帽落山阵地上，和 10 倍于我军的美军打了八昼夜，阵地上只有田文富一人幸存。他脱下帽子和大衣分别扣在显眼的石块和土坎上，以吸引敌人的火力，靠收拢烈士的子弹，变换射击位置，胜利完成了坚守任务。

战后，田文富被评为"英雄机枪射手"。如今，他那件布满 53 处弹孔的"战袍"和军帽，存放在中国革命军事博物馆内。

第 447 团在白云山至东远里地区正面约 9 公里的阵地上，与美军一个师整整激战了 11 个昼夜。第 447 团 3 营 7 连的一个班，坚守东远里的一个无名高地，就是这 7 个人的阵地整整阻敌三天，战后这个班被授予"东远里阻击战英雄第二班"的光荣称号。

【同期声】第 50 军 149 师 447 团政委　吕品

到最后排长牺牲了，班长牺牲了，战士牺牲了，一直到打到下午四点多钟，天快要黑，因为那是冬天，黑的也早一点，我们还剩下一个战士，这个战士叫高喜友，就剩下一个战士，还守在那个阵地上。

【解说】

坚守到第六天时，第447团已数天没有吃过饱饭，有些连队仅剩的武器是石头、铁锹、十字镐。由于双方兵力过于悬殊，第447团坚守的白云山各阵地数度易手。

【同期声】第50军149师447团政委　吕品

白云寺的东边的就是左翼，以及光教山、兄弟峰啊，光教山这个阵地丢了，已经是伤亡很大，也丢了，白云寺再一丢，这个白云山呢，它就成了一个孤岛了。白云寺失守，以后我们又夺回了阵地，最后又失守，到了2月3号了，一个礼拜了，那个时候连一把炒面一把雪都没有了。

【同期声】第50军149师447团2连指导员　艾维仁

孙营长给我说，我那时才18岁，喊我老艾啊，我告诉你，现在我们处的态势，我跟你们两个说，就直说吧，就像女同志戴手镯似的，整个都包围了，就中间剩这个小缝，我们已经下定决心，人在阵地在，与阵地共存亡。

【解说】

反击白云寺的战斗异常惨烈，7连指导员宋时运胸部、腹部同时中弹身亡，年仅21岁，东远里英雄二班唯一的幸存战士高喜友也壮烈牺牲。

【同期声】第 50 军 149 师 447 团政委　吕品

我就向师长报告，师长金振钟，当时就是一句话，夺回来，夺回来，夺回来。就这么几句话，把电话挂下了。

【解说】

彭德怀特通令表扬第 50 军："你们数日鏖战，坚守阵地，反复争夺，表现了高度的国际主义与爱国主义的精神。你们的英勇鼓舞了全军。"在战斗最激烈的 1 月 31 日，彭德怀以志愿军总部的名义通令表扬了第 50 军。特别是第 148 师的全体指战员和打得最好的第 443 团、第 444 团和第 447 团。

【同期声】第 50 军 149 师 447 团政委　吕品

听到了志愿军通令嘉奖啊，那个精神又振奋起来了。那已经就是说要继续战斗，继续守住阵地啊，一定要为祖国争光。

【解说】

在接下来的五天里，第 447 团组织仅有的兵力，始终保持火力不断，一次次打退美军的进攻，白云山各阵地上昼失夜夺。

【同期声】第 50 军 150 师 450 团 7 连 3 排排长　王玉贵

白天你看阵地正好是背山，看不见，我们上去以后，敌人他也不知道，就是几个人就上去了，上去我们把主阵地，最高点抢占下来，占领了，但是两边都是敌人，那边是机枪往这边射击也开火，这边是敌人的步兵，也开火，先打哪个？先把敌人的机枪给消灭了。

【同期声】第 50 军医疗队队长　曹宪治

一个阵地，白天丢了，晚上必须拿回来。你不拿回来，你就交不了差，有的山头啊，反复争夺一、二十次都有。

【同期声】第 50 军 150 师第 450 团 7 连 3 排排长　王玉贵

最后就是在这个地方，没有子弹，我就剩了一个手榴弹，我没有敢扔，怎么办呢？我得保存我自己，上面没有命令，你不能撤，死也得死在这个阵地上。

【解说】

2 月 5 日晚，第 447 团主动撤出白云山阵地，在白云山地区阻击战中，第 447 团与美军第 25 师激战 11 昼夜，以 344 人伤亡的代价，换取美军 1200 余条性命，达到了阻击目的。战后，第 50 军第 447 团被授予"白云山团"荣誉称号。

【同期声】第 50 军政治部组织部干事　刘泽民

不容易啊，敌人的炮比咱们枪、子弹打的多，飞机、炸弹，那扛住了，完了以后，那个刘白羽啊，文工团给谱写了歌，到处唱。

【同期声】第 50 军 149 师 447 团政委　吕品

高高的白云山，矗立在朝鲜汉江南，麦克阿瑟要从这儿进犯，我们的英雄叫他停止在山前！

炮弹炸翻了土地，我们说不准你侵犯，大火烧红了山岩，我们说不准你进前。

【同期声】第 50 军敌工科干事、英文翻译　莫若健

英雄昂立在山巅，英雄的事迹光辉灿烂，中朝弟兄齐歌唱，中朝人民记心间。汉江的流水滔滔，永远流呀流不尽。白云山，白云山，高高的白云山，让我们高唱着你的英名，冲向前。

【解说】

1951 年 2 月 7 日，美军突破了朝鲜人民军第 1 军团和第 50 军第二道防御阵地。彭德怀命令，第 50 军主力撤至汉江北岸组织防御。

【同期声】第 50 军军部电台报务员　王奎

最后的时候，这份电报一定要通知各个师，要赶快撤回来，不然的话，冰一解冻，汉江一解冻，很难回的来，就发这份电报，我在那的时候，军里面的作战处长，还有军里首长都到电台那儿等着，发出去没有，五分钟问一次，几分钟问一次，最后说这份电报发出去了。

【同期声】第 50 军医疗队队长　曹宪治

汉江南岸守了 25 昼夜，汉江北岸又守了 25 昼夜，在那守了 50 天，消灭敌人一万四千多，我们自己的负伤是六千多。

【解说】

经过此役，志愿军第 50 军在汉江防御战中与阵地共存亡的有 7 个整连、31 个整排、138 个整班。

【同期声】第 50 军医疗队队长　曹宪治

我们一入朝的时候，一个军三万多人，最后就剩了两万多人，消耗

了一万多人。这个胜的啊，可以说是伟大的。

【同期声】第 50 军 149 师 447 团政委　吕品

　　他们都是十八九岁的青年，都是一个一个的好小伙子。他们在那样艰苦的情况下边，连续战斗，为什么我特别讲到高喜友牺牲，我难过的很厉害。

【同期声】第 50 军野战医院放射科技术员　陈建基

　　那真是最可爱的人。所以我们讲，感觉自己，就感觉我们平凡得很，只是做了我们应该做的一些事情，真正可爱的人是这些战士。

【解说】

　　1 月 29 日第 444 团在速达里阵地上，在弹药耗尽的情况下同敌人展开白刃战，毙敌 160 余人，守住了阵地。

　　在第二次战役中获得"万岁军"美名的第 38 军，在这次汉江阻击战中打得同样顽强，在第 50 军主力撤至汉江北岸后，第 38 军奉命继续留在南岸迟滞敌人，此时，第 38 军中一半以上的步兵连已不足 40 人，每个班只有三四支步枪还能打响。当日，第 38 军 342 团的 2 营 3 营阵地相继失手，在第三次战役中首先突破汉滩川的"钢铁连长"曹玉海所在的 1 营因位置突出，成为了美军猛攻的对象。

【同期声】第 38 军政治部组织部青年干事　李淼生

　　这个地方出了一个战斗英雄，出了一个特等功的连长，他是 342 团的 1 营的营长，就是曹玉海。那个部队已经打到什么程度了，最后就剩下个赵连山，一个连长，一个在连部工作的警卫战士，就剩下这俩人，营长死了，他被炮打死了，副营长也打死了，就剩下一个连长，一个小兵。

【解说】

在最后时刻，教导员方新拉响炸药包，与敌人同归于尽。"钢铁营长"曹玉海和他的教导员同被授予"一级英雄"。2月16日下午，第38军在付出惨重的代价后，历经17昼夜，完成了阻击任务，向汉江以北撤退。

【同期声】第38军第113师第337团8连副指导员　高天正

四次战役下来的时候，我们那个连就剩28个人，剩28个人。过北汉江，当时敌人的飞机把冰都给炸开了，一大块一大块的，牵着的马啊，人啊就在大冰块活动着，往江北跑，到江北来嘛。我们都在冰上站着的时候，敌人的飞机在那儿扫射了几次，给我们打掉了几匹马，还打死了三个人，我们到了北汉江上岸的时候，我们剩25个人。

【解说】

彭德怀之所以命令西线第38军、第50军不惜一切代价以血肉之躯阻击联合国军北进的速度，是为了在东线寻觅战机。2月9日，向横城和砥平里地区北进的"联合国军"以快于西线的速度一路推进，形成了两个突出部。彭德怀准备同时拿下，但苦于志愿军兵力有限，只能各个击破。彭德怀电令邓华指挥的第39、第40、第66军奉命向东移动。

2月11日夜，邓华指挥志愿军4个军向横城地区反击，志愿军以迂回穿插战术很快粉碎了横城地区南朝鲜三个师的抵抗，歼灭南朝鲜第8师3个团和第3、第5师各一部。13日清晨，邓岳师长麾下第352团又全歼了美 2 师一个营。据美国军史记载："当时，美军一个炮兵连在一支护卫队掩护下，正沿着横城西北 5 公里一条狭窄公路北上，中国人突然向美军炮兵蜂拥而来，500 多人仅 3 人幸存"。志愿军在两天一夜的战斗中歼敌 12000 人，其中俘敌 7800 余人。

横城反击战后，东线"联合国军"出现了全线动摇的迹象，并开始不同程度的后退，但有一个点始终未动，这就是美 2 师 23 团、法国营及配属部队支撑着的"联合国军"的前哨阵地：砥平里。

砥平里，坐落在一个小小的盆地中，直径大约 5 公里，四周都是小山包：南面最高的是望美山，标高 297 米，西南是 248 高地，西北是 345 高地，北面是 207 高地，东北是 212 高地。

【同期声】第 40 军第 119 师第 355 团 5 连连长　白清林

砥平里呢，是一个交通要道，公路和铁路的交叉口。我们得到的情报呢，砥平里是一个营，是一个法国营，可是我们打砥平里前面伪 8 师，打的很利索，一天歼灭了，但转过来打砥平里，就隔两天了，这回敌人呢，又上来了一个美国团，又上来一个坦克营。

【解说】

李奇微给第 10 军下达作战命令：一、砥平里的美第 2 师第 23 团，死守砥平里阵地；二、第 10 军以位于文幕里的美第 2 师第 38 团即刻增援砥平里的第 23 团；三、美第 9 军、英第 27 旅和南朝鲜第 6 师，向砥平里与文幕里之间移动，封闭美第 10 军前面的空隙。

【同期声】第 40 军第 119 师第 355 团 5 连连长　白清林

我们呢，判断情况呢，敌人还是一个营，那一个营就好打了，就决定呢，就是赶快打砥平里，叫谁打呢，叫 119 师打，40 军 119 师，119 师两个团打，最后呢，感觉两个团人少一点，就把 39 军一个团拿过来了，那个姚文斌副军长，他当时是 115 师副师长，他带一个团配合 119 师打这个砥平里。

【解说】

负责战场统一指挥的是志愿军第 40 军第 119 师师长徐国夫，他在领受任务时没有任何的思想准备，而令他最担心的是，指挥系统混乱，前后投入三个军 6 个团的情况并不熟悉，甚至有些团长的名字都叫不出来，只能是各自为战。而砥平里，美军直升飞机则运来了 10 天的食品和堆积如山的弹药。

【同期声】第 40 军 119 师 357 团政治处组织股长　赵振华

上面从总部到上面的侦察机关把这个敌情没侦察准确，敌人提前来呢，做了很长时间了，修了工事，而且工事修的很坚固，拉的铁丝网，在砥平里那个地方，北坡呢，都泼的水，冻了冰，铁丝网上都加了灯泡，晚上都能看见，晚上和白天一样。我们侦察呢，当时把它当做立足未稳的敌人打的，所以敌人是刚到，还立足未稳。这样就好打的，也没什么工事，结果一打呢，根本不是这么回事，打了两天，怎么冲锋都不行，那底下都是冰啊。

【解说】

2 月 13 日晚，志愿军仓促开战，在砥平里环形阵地上的"联合国军"坦克大炮加上兵力有六千多！双方兵力和火力对比严重失衡。徐国夫当时不知道，其实还有几支中国志愿军也参加了对砥平里的攻击，但由于通讯手段落后没有形成合力，徐国夫指挥的两个团经过通宵血战，虽然压缩了敌人的防守范围，但没能根本打动，大批英勇的志愿军倒在美军的立体火网下……

【同期声】第 42 军第 125 师第 375 团 2 连指导员　龙凤阳

伤亡很大，我们打掉了几个很好的战士。机枪射手颜起浩，是湖北人，是辽西解放的，那我是真喜欢的，18 岁就解放过来。结果就在砥平里，他（联合国军）进攻也是就发现你的火力点，他（联合国军）部队撤回去，他就用大炮非要把你这儿炸得没有声音了，那他拉倒了。

【同期声】第 42 军军炮营营教导员　王录章

在这个关键时刻，突然来了一场鹅毛大雪，我们就开始到山沟隐蔽，隐蔽啊，我这边是民兵，这边是我的通信员，我在一个小夹道这么一个窝窝洞里，像猫耳洞一样，我在那搁着，但是我旁边那个，飞机扫射，友军一个干部就打死了，所以我就是幸存的。以后到了晚上，鹅毛大雪来了以后，晚上开始到处找伤员，那轻伤员可以，他喊一声，你基本就把他抬走了，那好多重伤员你都找不到啊，那次损失最厉害。

【解说】

2 月 14 日夜，上万名志愿军从四面八方再次猛攻方圆不足 2 平方公里的砥平里敌军阵地，配属此次行动的炮兵 42 团因马匹受惊暴露目标，损失极重，无法投入战斗。志愿军 3 个炮兵连只有十几门大炮掩护，炮弹不足 400 发，志愿军们冒着美军布置下的层层火力拦截毫无畏惧地冲锋，前面的士兵倒下，后面的士兵踏着尸体前进，在肉搏战中，美军上校弗里曼身中一颗子弹。第 119 师从北面曾一度攻占凤尾山，第

115 师曾攻进砥平里街内，眼看着美军防御阵地岌岌可危之时，天又一次亮了。

而志愿军第 42 军第 126 师担任在砥平里增援方向的阻援战同样残酷。13 日，李奇微命令美第 2 师 38 团立即北上增援。一天后，李奇微再令美骑兵第 1 师 5 团立即北上增援砥平里，他要求 5 团无论受到何种规模的阻击也要突过砥平里，哪怕只突进去一辆坦克。

【同期声】第 42 军 126 师作战科参谋　马声儒

阻击从阳平过来的，当时敌人是一个团呢，有 40 多辆坦克，搭载的步兵，来增援砥平里，是美 3 师吧。

【解说】

志愿军第 126 师的指战员，他们仅凭着爆破筒、手榴弹等简易武器对"联合国军"的坦克进行顽强抵抗。

【同期声】第 42 军第 126 师作战科参谋　马声儒

当时 378 团，打的非常英勇顽强，这个敌人坦克头几辆被炸掉了之后，因为它那个搭载的步兵啊，步兵都打掉了，后来我们的战士就爬到敌人那个坦克上，撬它那个坦克那个盖，想要把手榴弹往里打，你不开打门不进去，要把那个盖子撬开，那个坦克，那个炮塔，一摁电钮一转，就给它打下来了。甩下来了，最后呢，把敌人的步兵打回去了，一共 40 多辆坦克打掉了十多辆，剩下的都冲到砥平里去了。

【解说】

美骑兵第 1 师 5 团团长柯罗姆上校，率领 23 辆坦克孤注一掷的搭载 160 多名步兵，一路血战，终于突破了志愿军的沿途阻击，美军士气大振。

【同期声】第 40 军第 119 师第 357 团政治处组织股长　赵振华

砥平里呢，我们这个部队损失很大，我这个团呢伤亡一千八百多人，很残酷。

【解说】

至 2 月 16 日，我攻击部队仍未能攻破砥平里，粮弹将尽，砥平里僵持不下，彭德怀斟酌再三，心情沉重地下达了撤出战斗的命令。各部队在漫天的大雪中掩埋好战友的尸体，抬着伤员向北转移。

砥平里之战，暴露了志愿军在攻坚战中的弱点，对美军在朝鲜战场上的战略产生了很大的影响，后来，李奇微在战场巡视时说："算是幸运，总算没被中国人整垮"。

【同期声】军事科学院原军史部副部长　齐德学（少将）

砥平里，砥平里对于他们（美军），是否撤出朝鲜，或者是对于美军在朝鲜能不能坚持下去，这是一个转折点。

【解说】

2 月 21 日，彭德怀回北京向毛泽东详细汇报了朝鲜战争情况，突出地提出兵源不足和后勤保障问题。毛泽东经过认真思考，向彭德怀提出：朝鲜战争能速胜则速胜，不能速胜则缓胜，不要急于求成。彭德怀感到，抗美援朝战争有了一个明确而机动的方针。

这期间美 9 军军长穆尔少将乘坐的直升机在汉江坠机，成为继沃克之后又一名殒命朝鲜的美国高级将领。

3月7日，"联合国军"集中20多万兵力，在几百架飞机支援下，向中朝军队阵地发起全线进攻，中朝军队节节抗击。

3月14日，中朝军队主动撤离汉城。到3月底，战线逐渐推移到三八线以北。但由于中朝军队的顽强抵抗，敌人再也难以前进。"联合国军"在朝鲜战场的接连失利，引发了美国统治集团内部的争吵，尤其是美国总统杜鲁门同"联合国军"总司令麦克阿瑟之间的矛盾，迫使杜鲁门决心中途易帅。

4月11日凌晨，杜鲁门宣布对麦克阿瑟的职务变更："我深感遗憾的是，我不得不尽我作为总统和美国武装部队总司令之职，撤销你盟军总司令、联合国军总司令、远东美军总司令和远东美国陆军总司令的职务。"在东京，杜鲁门的解职令还未送达麦克阿瑟手中，消息就通过无线电广播，以特急新闻的形式在全日本进行了广播。

从朝鲜战场的黯然离职，也许是麦克阿瑟战功辉煌的生涯中一次并不光彩的撤离，而相对于狂妄自大、野心勃勃的麦克阿瑟而言，接替他的李奇微则显得更加机警缜密而且灵活。在这场战役面前，他没有盲目乐观地一味采取凌厉的进攻战势，因为他清楚地知道如果轻视他面前的对手将会付出怎样的代价，这注定了是一场耗时而艰难的战争。

【解说】

4月18日，继任"联合国军"总司令仅7天的李奇微下令"联合国军"转入防御，3天后"联合国军"被志愿军阻止于开城芝浦里、杨口、杆城一线。

历时87天的第四次战役导致"联合国军"以平均每天付出900人的代价前进1.3公里，把"联合国军"反攻的步伐阻挡在了三八线附近。

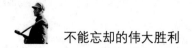

志愿军毙伤俘敌共 7.8 万余人，中朝方面伤亡 5.3 万余人。李奇微说：
"主要目的在于俘虏和消灭敌军的有生力量，从这个意义上说，这次作战
没有获得完全成功"。而这次战役则掩护了中国新入朝部队的开进、集
结和展开，为下一次战役的准备赢得了宝贵的时间，并使中朝军队初步
取得了在优势装备之敌进攻面前实施防御作战的经验。

第六集 拉锯鸭绿江

导语

　　位于朝鲜伊川郡西北，距三八线约 30 多公里的大雪覆盖的崇山峻岭中，有个名叫空寺洞的地方。这里人烟稀少，人迹罕至。摄制组一行专程跋涉来到这里，寻访当年志愿军司令部的驻地。据当地的向导说，我们是六十年来第一批来到这里的中国客人，这条山间小道也是临时为我们清理出来的。空寺洞的山上山下依然可见多处废弃的金矿矿洞。抗美援朝时期，彭德怀就是在这阴暗、潮湿的矿洞里坐镇指挥了第五次战役的全过程。第四次战役后，战线北移，志愿军司令部决定将指挥所后移至空寺洞。这里位于西线的中部地区，西线正是志愿军即将大举出击的主要反击方向。

　　中共中央密切注视着朝鲜战局的发展。中央认为，敌人不被大部消灭是不会退出朝鲜的，而要大部消灭敌人，则需要时间。指示志愿军采取轮番作战的方针，战争准备长期，尽量争取短期。根据中央指示，中国人民志愿军第二番部队第 19 兵团和第 3 兵团开赴朝鲜战场。

【解说】

1951 年 4 月 6 日，志愿军司令部正在召开党委扩大会议，包括刚入朝部队在内的共 15 个军的几乎所有志愿军高级将领出席了会议。大家就下一步反击作战的计划和部署进行了讨论。在分析了各方面情况后，会议决定：先敌进攻争取主动，立即发起第五次战役。

【同期声】军事科学院原军史部副部长　齐德学（少将）

美国人可能正面进攻和侧后登陆相配合，还想把我们打到平壤元山一线，也就是三十九度线。所以这个时候，我们首先把他的正面进攻要给它打破，就是他如果有这个计划，我们正面进攻给他打破了，那他也没有力量在侧后进行登陆了。

【解说】

战役的具体部署是：以两个军在战线中部劈开缺口，割裂东、西线之敌；集中主力于西线，以第 19 兵团、第 9 兵团从两翼突击，并实施战役迂回；第三兵团从正面攻击，求得分割歼灭敌人几个师，之后，再向纵深发展。朝鲜人民军也决定以主力在东线和志愿军实施并肩突击。战役发起的时间最后确定为 1951 年 4 月 22 日。

为加强后勤保障工作，志愿军成立了由副司令员洪学智领导的后方勤务司令部。

从计划上来看，第五次战役投入兵力之多，攻击正面之宽，预定突击距离之远，设想歼敌规模之大，都是志愿军抗美援朝战争以来之最。这是一次空前规模的战役，决心坚定而远大，预想接近完美，歼敌目标是"联合国军"的5个整师。

【解说】

詹姆斯·A·范弗里特，是"联合国军"总司令李奇微挑选的新任美军第8集团军司令官，李奇微称赞他是"擅长战斗并且追求完美的军人"，范弗里特也忠实地执行着李奇微"坚决北进"的方针，在志愿军准备大规模反攻的时候，范弗里特下令：继续北进。目的是再次把美第8集团军凹凸的战线拉平。

4月19日，志愿军总部向全军发出政治动员令，号召全军动员起来，发挥艰苦奋斗的精神，以无比的勇敢和智慧，成建制地消灭敌人，争取每战必胜。

【同期声】时任第15军第44师第131团3营营长　冯乃秀（84岁）

我们全军开了一个营以上干部会，在这会上啊，就是我们军长秦基伟在会上表了个态：我秦基伟到朝鲜去，不在功臣榜上署名，我就在烈士碑上留名。

【同期声】时任第15军后勤部文化干事　胡复生（82岁）

当时口号很明确，保家卫国，为了我们祖国不像朝鲜那样受到敌人的伤害，全军都是一个意志，坚决保家卫国，消灭敌人。

【解说】

1951 年 4 月 22 日晚，又是一个月圆之夜，擅打夜战的志愿军每次大规模进攻都会选择这样的时刻。在宽达 200 多公里的正面战线上，志愿军大规模反击作战的炮声骤然响起。战役前的炮火准备，无论火炮数量还是炮击的时间，都是空前的。随后，几十万志愿军将士在整个战线开始了排山倒海的冲击。

左翼突击集团是刚刚休整了 4 个月的第 9 兵团以及配属的第 39、第 40 军。战役发起的第一天，第 20、26、27 军即突入敌纵深 18 至 20 公里，并在龙华洞、白云山附近歼灭美第 24 师及南朝鲜第 6 师各一部。在突破敌防御后，第 40 军迅速向敌纵深猛插，至 4 月 24 日晨，完成了对东西敌人的战役分割任务。第 39 军将美军陆战第 1 师阻于北汉江以东，使其不得西援。至此，在加平方向打开了战役缺口，对敌侧翼造成了严重威胁，为整个战役的胜利创造了有利条件。

中路正面进攻的第 3 兵团在华川方向实施突击。各部队在涟川以北受到美军第 3 师、土耳其旅的抵抗，在异常激烈的战斗中，志愿军战士们打得英勇无比。

【同期声】时任第 12 军第 35 师侦察队指导员　刘新增（83 岁）

八连的一个战士，他踩着地雷了，怎么办呢，他明明知道死了，他用身子滚，往前滚，滚多长，算多长，碰到几个地雷，就几个地雷，用自己的生命掩护部队前进，也使其他人减少死亡。

【同期声】时为第 60 军第 179 师师部卫生员　陈忠龙（78 岁）

181 师打土耳其旅，突破了土耳其旅的防线，这个 181 师确实是动作快，这个部队善于夜战。打掉美国人坦克三辆，阻击了十几辆坦克车，缴获来三辆坦克没有人会开。

【同期声】时任第 12 军第 34 师第 100 团 1 营通讯员　杨福德（83 岁）

打得很猛，所以敌人呢就是措手不及，土耳其一个营叫我们打的，打散了。以后抓了几个俘虏。

【同期声】时任第 12 军第 35 师侦察队指导员　刘新增（83 岁）

最后土耳其人说，我们是土耳其人，（我们问）你土耳其人跑到朝鲜打仗来？他说我们上了美国的当了。最后他怕杀他，他说是土耳其人，不相信？你不相信，你看看我们的头发是黑的，跟你们一样。

【解说】

经过激战，第 3 兵团虽歼敌一部，但进展缓慢。4 月 24 日晨，第 3 兵团前至"三八线"附近的花峰村、炭洞、板巨里地区，与敌形成对峙。

右翼的第 19 兵团，在扫清了临津江西岸之敌后，准备强渡临津江。第 63 军先头部队经过周密研究，预先伪装埋伏在江岸突击点。突击开始后，仅用一个多小时就出其不意地成功突破临津江。接着向纵深前进了 15 公里，于 23 日晨，攻占了制高点钳岳山，将英军和美军分割开来。这一天，恰巧是英国的一个宗教纪念日。第 63 军第 187 师趁英 29 旅祝祭时突然发起进攻，瞬间将其击溃，全歼了英军一个营。战士刘光子一人就俘虏了 63 名英军，创造了朝鲜战争中一名中国士兵一次俘虏敌人士兵最多的记录。刘光子也被授予了"孤胆英雄"的称号。

【同期声】时任志愿军司令部电台队队长　杨雨田（83 岁）

他一个人冲到英军阵地里头，英军集合在那儿，围在一起，他一个人拿着反坦克手雷，一个手抓着冲锋枪，叫他们投降。他先是打过去一个手雷炸死了一部分。他一个人也要把六十几个全押过来，英军。

【解说】

在第63军连战连捷之时，第64军却渡江受阻，进展缓慢。

【同期声】时任第64军第191师第574团1营营长　王凤生

头一天晚上侦查，那水不深。但第二天天快亮的时候，涨潮了，海水倒灌了，水深过不去了，这是一个原因。再一个就是敌人飞机、炮，把江边封锁住了，打得你过不去。呆了一天，晚上才过去。过去的那部分叫人家也给，伤亡也比较大。

【同期声】时为第64军第191师师部警卫员　刘树才

我们突破临津江的时候，那个河岸，那个河堤，大约的高呢，就是将近两米，一米八到两米，这个战士上不去啊，上不去怎么办呢? 我们人搭肩，就是我从你的肩上蹬着也要上去，也要完成任务。这个当时感动啊，我们的战士是伟大的，我们的干部是伟大的，那时候七、八个上去的死了三个。

【解说】

渡江之后，在敌人的阻击之下，第64军始终无法向前推进。而兵团第二梯队第65军两个师又相继跟进，结果5个师共6万多人拥挤在临津江南约20平方公里的狭小地区内，遭敌火炮和飞机的轰击，伤亡较大，未能按时完成向议政府实施战役迂回的任务。

"联合国军"凭借坚固阵地和优势火力，节节抵抗，逐步后撤。美第 8 集团军司令范弗里特坚决执行了李奇微的战术，以每晚撤退 30 公里为最大限度，因为 30 公里是志愿军一夜进攻的极限。然后以优势火力利用白天转入防御，并伺机突围。加之志愿军没能完全有效实施穿插迂回，分割包围敌人的计划，战役发展形成平推，因此，志愿军各突击部队难以达成预期的大量围歼敌军的目标。

【同期声】时为第 60 军第 179 师师部卫生员　陈忠龙（78 岁）

就是每天后退二三十公里，他还是机械化部队，一个小时就到了，我们二三十公里，要徒步行军，晚上出发到天明到，累得要死，正好敌人防御准备好了。

【同期声】时任第 15 军第 44 师副师长　李钟玄（95 岁）

敌人那个时候，他是已经经过几次战役以后，比较猾了，哪个地方刚突破他一点，它就全线往后退，害怕我们在后面抄他的后路。

【解说】

在越过三八线后，4 月 26 日，志愿军继续向"联合国军"的纵深发展，并于当日占领了"联合国军"的二线阵地。至 4 月 28 日，右翼第 19 兵团占领了国祀峰、梧琴里、白云台地区；中路的第 3 兵团进至金谷里、仁仓里议政府东南地区，切断了汉城通春川的公路；左翼第 9 兵团进至榛伐里、祝灵山、清平里、加平、春川地区。此时，美第 8 集团军撤至汉城及汉江、昭阳江以南地区继续组织防御。

【同期声】时任第 65 军第 194 师第 580 团参谋长　安东

进攻我们打到哪了，打到议政府旁边了，过了汉城议政府，一个冲锋打到这么远，白天冲上去的，那个时候白天部队冲锋还没有经验，我们这个部队当时敌人往后逃跑啊，不打也不行，上面虽然它有飞机，底下有坦克，但是你要不冲的话，这个就白浪费了。

【解说】

虽然，无论李奇微如何表示绝不放弃汉城，并增调美骑兵第 1 师至汉城，在汉城周围组织起密集的火力网。但汉城还是出现了朝鲜战争爆发以来的第三次难民逃离潮。

而此时，志愿军已经预见到战线过长，弹药补给供应不及的问题，所以并没有占领汉城的打算。4 月 29 日，彭德怀命令全线停止进攻，并迅速调整部署，补充粮食和弹药，准备再战。

历时七天的第五次战役第一阶段，志愿军将战线向南推进了 50 至 80 公里，歼敌两万三千余人，虽然离预定歼敌 5 个师的计划相差较大，但遏制了"联合国军"第四次战役后越过三八线步步向北的进攻势头，志愿军新入朝部队取得了与美军作战的实战经验。

【同期声】军事科学院原军史部副部长　齐德学（少将）

第一阶段，虽然没有达到这个预计的歼敌目标，但是战场主动权在志愿军和人民军手里。

【解说】

此时，东线南朝鲜军态势突出。为继续歼灭"联合国军"有生力量，多歼南朝鲜军，为孤立、分散和歼灭美军创造战机，志愿军司令部经过研究后决定转兵东进，以歼击东线南朝鲜军为目标，发起第五次战役第二阶段作战。

5月6日晚，第五次战役第二阶段作战命令下达：东路以志愿军第9兵团和朝鲜人民军第2、第3、第5军团集中力量歼灭县里地区之南朝鲜第3、第5、第9师，而后相机歼灭南朝鲜首都师和第11师。中路的第3兵团割裂美军与南朝鲜军队的联系，阻击美军第10军的东援；处于西线的第19兵团牵制当面之敌，配合东线作战。

当时，范弗里特正在策划一场大规模的反攻。然而，5月9日，西线志愿军第19兵团和人民军第1军团开始在汉城方向和北汉江北岸实施佯攻。李奇微根据空中侦查，判定共军集中主力攻取汉城，认为"汉城面临着第二次危机"，决定"联合国军"放弃进攻，以汉城为重点转入防御。彭德怀示形于西而攻击于东的战术收到奇效。

5月16日18时，第9兵团司令员宋时轮指挥所属第20、第27军和配属的第3兵团第12军，与金雄指挥的人民军3个军团，出其不意，突然在东线发起了攻击。采取多路突破、多层迂回包围的战法，截断敌军退路，迅速将南朝鲜军4个师的建制打乱。

【同期声】时为第12军第34师第100团1营通讯员　杨福德（83岁）

十二军前面，在前面，我们是这个尖刀团，尖刀营，尖刀连，一直插到敌人心脏。二野战军的打这个穿插任务很有经验。一个是口袋战，一个是穿插。就是打乱敌人的部署。

【解说】

战至5月21日，歼灭南朝鲜军第3、第5、第7、第9共4个师大部。韩国编写的战史记载：在志愿军和人民军发起攻击后，南朝鲜军一片混乱，没有建制、没有指挥、没有秩序。5月16日，其第3、第9两师共有 2.3 万余人，至 5 月 20 日，仅剩 8200 余人，并且丢弃了几乎所有重武器和车辆，第 7 师损失数千人，第 5 师也遭受了重大伤亡。由于这次惨败，李奇微撤销了南朝鲜第 3 军团的建制，解除了南朝鲜第 3 师师长的职务。

【同期声】时任第 27 军 80 师 239 团 2 营教导员　张桂绵（84 岁）

李承晚这个兵有一个特点，只要你一打，他就散，一散他就满山跑，就在石头缝，树底下都隐蔽着，完了以后，他再规定一个集结点都集合去了，他是这样的，所以打了以后，山头是夺下来了，也缴获了好多东西，但是敌人没有，最后部队去搜山了。

【同期声】时任第 20 军第 58 师政治部宣教科干事　范值中（84 岁）

李承晚一打，他就跑，所以我们在县里呢，是打了一个胜战，缴获了不少东西，也抓了不少俘虏。

【解说】

在志愿军第 9 兵团和人民军东线部队围歼南朝鲜军的同时，中线第 3 兵团也对当面之敌展开了进攻。至 5 月 17 日晨，第 15 军歼灭美第 2 师一部。次日，第 44 师在大水洞将美第 2 师第 38 团团部及 1 营、2 营大部歼灭。

【同期声】时任第 15 军第 44 师第 130 团 2 营教导员　刘保同（89 岁）

130 团一营是尖刀营，是突破大水洞的尖刀营，突破大水洞，歼灭了（美军）38 团的团部。

【同期声】时任第 15 军第 44 师副师长　李钟玄（95 岁）

从敌人这个空隙里面插到里面去了，插到里面，就直接插到它那个，它那个团部了。

【同期声】时任第 15 军第 44 师第 130 团 2 营教导员　刘保同（89 岁）

一到团部，一打进去，他们因为正在睡觉，所以这样就给我们一个好的机会。好机会是什么呢？一个是打，一个是抓俘虏，一共抓了 120 多个俘虏，美国兵。

【解说】

在大水洞穿插作战中，第 130 团 9 连尖刀排排长崔建国，带领战士们十分钟内连克 4 个地堡，全歼守敌 1 个排，为主力部队打开通路。在继续插进中遭到美军反扑，当子弹打光时，他跳出工事，带领战士与美军展开白刃格斗。

【同期声】向守志　时任第 15 军第 44 师师长　向守志（96 岁）

他刺死了几个敌人，还缴的卡宾枪，缴的炮，代理连长继续进行战斗，连长牺牲了，为连长报仇。

【解说】

在崔建国的鼓舞之下，他的战友们也表现得勇敢顽强。有的咬掉了敌人的耳朵，有的用圆锹劈向敌人。最终，吓得美军狼狈溃逃。有七个吓软了腿的美军就在崔建国的面前跪了下来。

【同期声】向守志　时任第 15 军第 44 师师长　向守志（96 岁）

崔建国也是一级战斗英雄，在我们《人民日报》称他为中华好男儿。

【解说】

战后，志愿军领导机关为崔建国记特等功，授予"一级战斗英雄"称号。崔建国的英雄事迹很快传到国内，引起轰动。《人民日报》特别为此刊发了新华社通讯，盛赞崔建国"他是一个优秀的指挥员，也是一个勇猛非凡的斗士。"

【解说】

与此同时，第 131 团 3 营以夜色与地形作掩护，机智地迂回敌后，乘其不备，突袭了美军阵地。

【同期声】冯乃秀　第 15 军第 44 师第 131 团 3 营营长（84 岁）

我们从底下悄悄地摸上来了，摸到快到上面了。美国人一扔，还在扔罐头盒，他开饭呢，他吃了罐头，把这罐头盒一扔，那就离我们很近了。我们就把这个机关枪、冲锋枪大家都准备好，一个冲锋号，冲上去了，上去以后守阵地的敌人都给他打死了。

【解说】

第 60 军第 180 师以积极行动攻击当面之敌，16 日夜攻占汗谷、塔洞、鸠岩里一线，19 日攻占洪川江以北法所里地区，牵制了当面之敌美 7 师，使其不得东援。

【解说】

范弗里特的防线被砸出了一个大窟窿，志愿军又取得大胜。可是，志愿军早已不堪重负的补给线支撑到这个时候终于彻底断裂了，部队只能停留 3 天等待补充。此时，美军用两个师摩托化行军 100 多公里，迅速堵住了缺口，切断的东西防线又被连了起来。鉴于此，彭德怀于 5 月 21 日下令第五次战役暂告结束，部队转移到三八线以北休整。

【同期声】时任第 15 军第 44 师副师长　李钟玄（95 岁）

一个没有吃的了，粮食补充不上，一个是没有弹药了，弹药运输不上，补给不上，所以就要停住了。

【同期声】时任志愿军司令部电台队队长　杨雨田（83 岁）

他（"联合国军"）就采取了一个叫磁性战术，你打它，你来的时候，往后撤，但是我和你保持一定距离，消耗你。

【同期声】时任第 12 军第 34 师侦察科长　许克杰（85 岁）

人家管我们叫"礼拜攻势"。我们扛着一个大炒面袋子，吃一个礼拜。行了，这一个礼拜，你炒面吃光了，弹药也不多了，行了，他来了。

【解说】

就在彭德怀转移的命令刚刚下达的时候，一个巨大的阴影正向志愿军悄悄袭来。虽然在志愿军和人民军发动的攻势面前，"联合国军"在东部战线向南后退近百公里，但是，由于美军在中部战线的阻击，使战线形成一个很大的凸形，志愿军宽大的侧翼已全部暴露。况且，志愿军的"礼拜攻势"已近尾声。李奇微认为此时正是"联合国军"反击的最好时机。于是，经过反复筹划和精密组织，决定集中 4 个军 14 个师的兵力，以摩托化步兵、坦克、炮兵组成快速反应和机动"特遣队"，在空军和远程炮兵的支援下，实施多路快速反击。

5月20日，美军即在西线开始了反扑行动，5月23日至26日，又在中线至东海岸全面展开反扑。美军这次反扑，是抗美援朝战争中美军进行的最大规模的全线反扑。5月23日，仅仅3个小时，美军"特遣队"就在中国军队最重要的地段纵深穿插20多公里，抢占了天然屏障昭阳江北岸渡口，至5月24日，志愿军第27军主力和第12军一个团被隔在敌后。中线的第15、第60军左翼也彻底暴露。接着第60军的防线被突破，中线的第3兵团和东线的第9兵团联系也被切断。第3兵团23日上午刚刚后撤，电台车就被敌机炸毁，兵团部与下级部队失去联系3天之久。

【同期声】时任第60军作战参谋　贾启玉（84岁）

你第一次、第二次、第三次、第四次都是这样，美国就摸着你这个规律了。所以第五次战役一结束，往回撤的时候，美国人马上就进攻，这个是完全出乎上级的意料。

【同期声】时任第15军第44师副师长　李钟玄（95岁）

就是进攻的时候，没有撤退的准备，没有防御的准备。所以呢，战役我们结束，人家反攻，利用这个空降，又是什么先头部队，所以我们那个时候措手不及。

【解说】

第12军第31师在第五次战役的第二阶段打得很坚决，但是，他们的部队向南方攻击得太远，特别是第91团，被远远地隔在了敌后。

【同期声】时任第 12 军第 34 师第 100 团 1 营通讯员 杨福德（83 岁）

撤了以后，那时间通讯工具也不发达，电台，团里和师里联系不上，师里和兵团联系不上。那时候都是摇那个东西就是电台，那么一支起来敌人就发现就来炸，炸了以后就联系不上。

【解说】

所幸的是，在与兵团部、军部都失去联系，被孤立于敌后的危急情况下，第 91 团避敌锋芒，灵活摆脱敌人，全团安全归建。

第 27 军指挥员沉着、冷静，根据情况变化及时改变决心，多次改变转移的路线，选择敌军兵力比较空虚的地区向北转移，并且组织部队积极作战，交替掩护，至 5 月 28 日，摆脱了险境，全部转移到安全地区。

【同期声】时任第 27 军第 79 师司令部军务参谋 常宗信（83 岁）

就从森林里面绕，躲开敌人的视线，隐蔽地从森林中穿过。这也是需要指挥员有很大的气魄才行，在无人的这个森林里头，你万一走不出来怎么办，另外当时又没有粮食。

【同期声】时任第 20 军第 58 师政治部宣教科干事 范值中（84 岁）

完全靠我们指挥员，师长、政委，这些师的指挥员那种胆略，那种全局观念。我们那时候有句口号，就是天塌下来，我们顶着，我们挡着。

【解说】

第 60 军担任第 3 兵团掩护主力转移任务。但转移时，该军的第 179 师和第 181 师在战役第二阶段，分别配属给第 15 军和第 12 军作战，尚未归建。因此，该军只有第 180 师在北汉江南岸担任防御任务。第 60 军本来计划以第 180 师在北汉江北岸春川西北地区组织防御，但接到第 3 兵团为掩护伤员转运、各部暂不撤收的命令后，则改令第 180 师展开于北汉江南岸的汗谷、正屏山地区阻击反扑之敌。5 月 24 日，第 180 师对反扑之敌进行了顽强阻击，迟滞了敌军的进攻速度，但还是陷于三面受敌背水作战的不利态势。

【同期声】时为第 60 军第 179 师师部卫生员　陈忠龙（78 岁）

最后到了 24 日晚上，看到确实不行了，180 师有陷入合围的危险，这个时候才果断下决心，叫 180 师撤回北汉江。

【同期声】时任第 60 军第 180 师第 538 团见习宣教干事　张泽石（84 岁）

那个时候才让我们赶快渡过北汉江，然后往云峰这样一个方向去突围，晚上敌人的照明弹一个是一个的，用降落伞把照明弹挂在空中，天上还有指挥炮击的指挥机。

【解说】

北汉江的所有渡口都已经被美军占领，第 180 师只有在不是渡口的地方下水。连日的大雨使北汉江江水猛涨，加之飞机的轰炸，第 180 师牺牲于江水中的官兵达 600 人之多。

5 月 24 日晚，第 180 师奉命撤至江北，但未能切实控制要点。25 日继续北移，但由于道路狭窄和转运自身伤员等原因，当夜未能到达指定地点。至 26 日，在芝岩里以南地区陷入敌人包围之中。

至 6 月中旬，该师先后突围以及陆续归建的有师长、副师长、师参谋长团以下干部战士近 4000 人。这是我军入朝以来损失最严重的一次。

【同期声】时任志愿军司令部电台队队长　杨雨田（83岁）

因为打的太深了，口张的太大了，网撒的太大了，所以这样一来呢，这个部队再往回收拢的时候呢，就吃力了，所以60军吃的亏呢，就吃在这。

【同期声】军事科学院原军史部副部长　齐德学（少将）

转移部署的时候，对联合国军的反扑、判断考虑不周，没考虑到他们反扑的那么快，也没考虑到他反扑规模那么大，所以在部署上有缺陷。所以在志愿军和人民军主力转移的过程当中，特别是转移的初期，显得被动。甚至造成了某种程度的混乱，志愿军第180师遭受损失，就是这一阶段。

【同期声】时任志愿军司令部电台队队长　杨雨田（83岁）

这是我们五次战役一个教训，最后总结彭老总是自己承担责任了。

【解说】

之后不久，中央军委和志愿军司令部对第60军军师领导作了调整，原川西军区司令员张祖谅回第60军任军长，第15军44师副师长李钟玄调任第180师师长。并从四川调来3个基干团6500人补入第180师。

【同期声】时任第60军作战参谋　贾启玉（84岁）

班子调整了以后，经过几个月的整训，这个部队又重新进行了补充，进行了动员，进行了训练。特别是坐下来总结这个经验，这样部队就形成一种新的战斗力。

【同期声】时任第 60 军第 180 师师长　李钟玄（95 岁）

荣誉是要自己创造的，不是人家打好天下，让你自己来这里享受。为了打翻身仗，扭到一起，大家都争取自己的光荣。

【解说】

在两年之后的金城反击战第二步作战中，第 180 师一举攻占金城川以南黑云吐岭、白岩山等敌军主阵地，共歼敌 1750 多名，缴获坦克 4 辆、汽车 7 台、火炮 55 门，各种枪械 700 多支，同时，使我军阵地向前推进了 25 平方公里。在黑云吐岭、白岩山完成阻击敌人的反扑战斗中表现极为出色。第 20 兵团杨勇司令员在电话中向第 60 军军长张祖谅说："你给 180 师的同志们讲，他们在既无坚固阵地为依托，又无纵深炮火支援和粮弹奇缺的情况下，坚守了三天三夜，为金城正面中西集团巩固新占阵地，调整部署，抢修工事，赢得了时间。180 师出色地完成了作战任务，打出了部队威风，打出了老部队的传统！"第 3 兵团司令员许世友说："180 师打了翻身仗，180 师雪耻了。"第 180 师的干部战士听了后，好多人抱在一起，失声痛哭。

为稳定局面，5 月 27 日，彭德怀决定部分部队停止休整，就地立即转入防御，命令志愿军第 63、第 64、第 15、第 26、第 20 军和人民军第 5、第 2、第 3 军团共 5 个军和 3 个军团，立即就地展开阻击。

第 15 军将士领命后，先敌占领了芝浦里、朴达峰一线，两天就打垮了进攻的泰国团和加拿大第 25 旅，又顶住了美军第 25 师、第 3 师和南朝鲜军第 9 师的猛烈进攻。所有山头打到最后都进行了白刃战。第 15 军整整血战了 10 天，以 1200 人伤亡的代价毙伤敌 5700 余人，还打掉了 4 架敌机，涌现出了许多战斗英雄。为此，彭德怀极为罕见的给第 15 军发来了感情色彩浓厚的电报："秦基伟，我十分感谢你们！"

【同期声】时为第 15 军军部《战场报》编辑 李明天（84 岁）

15 军阻击敌人向北进攻，保证了整个志愿军战斗部署的调整。掩护了我们的主力向后撤退。

【解说】

第 63 军在铁原南、涟川北地区接到的命令是"就是把 63 军打光，也要坚守阵地 10 至 15 天"。第 63 军将士为了全局利益，在宽达 25 公里的正面上，抗击了美军 4 个师、1600 门火炮、400 辆坦克和无数架次飞机的猛烈攻击，血战 12 天。最终完成了阻击任务。

【同期声】时任第 65 军第 194 师第 580 团团长 武宏（90 岁）

我这个团伤亡快达到了 60%，3000 人还剩了 900 多人，但是呢我们的干部啊战士啊都很顽强。像我这个团，这个除了三营还有教导员在，剩下的一营二营营的干部都没有了，一营二营连的干部都没有了，打到那个程度没办法，我把我身边的警卫员派到一营当营长。

【解说】

在撤下阵地的时候，许多战士身上只剩下一条短裤和一支没有子弹的步枪。有的连队只剩下几个人。彭德怀亲自赶去看望勇士们，他眼睛湿润地说："祖国人民感谢你们！"第 63 军军长傅崇碧泪流满面，只对彭德怀说了三个字"我要兵"。

战到 6 月 10 日，美军也在不断地攻击中流够了血。李奇微随即下令停止进攻，转入防御。志愿军构筑的新防线，制止了敌人的反扑，稳定了战线，结束了第五次战役。

【同期声】军事科学院原军史部副部长　齐德学（少将）

最终的结果，就是志愿军和人民军还是在原来转移所设定的最后抵抗线，把联合国军抵抗到这一线以南了。

【解说】

第五次战役，志愿军和人民军共投入 15 个军及军团的兵力，战役持续 50 天，毙伤俘敌 8 万多人，是五次战役中歼敌最多的一次，缴获和消耗了敌人大量物资装备，迫使敌军转入了战略防御。但是，正如彭德怀所预言的：这是一场恶战。中国军队也付出了巨大的代价，但最终还是取得了胜利。

【同期声】军事科学院原军史部副部长　齐德学（少将）

彭德怀的说法，就说第五次战役是一次胜仗，但是胜利的不圆满。

【解说】

经过五个战役的较量，双方在战场上的军事力量趋于均势，战争形成相持局面，战争双方面临着新的战略选择。针对朝鲜战场的实际情况，毛泽东为志愿军今后的作战制定了新的指导方针。

【同期声】时任志愿军司令部电台队队长　杨雨田（83 岁）

从某种意义上来讲，势均力敌了，你美国人想要再打到鸭绿江边上去，不可能，我们要把它一下子推到海里面不可能，所以要做持久的准备，毛主席叫做长久的准备，这个指示。还有一个指示呢，这毛主席的指示就是搞小的包围，小的这个歼灭战。后来就是用了一句南方的话，"零敲牛皮糖"。

【解说】

1951 年 6 月中旬，朝鲜战争交战双方对峙于汶山、高浪浦里、三串里、铁原、金化、杨口一线。这是经过 5 次大规模的战役，最后依据双方的战场实力所形成的一条战线。这几乎就是朝鲜战争爆发时南北朝鲜开始交战的那条线，战争进行了整整一年又回到了战争爆发时的起点。

第七集　一鸣惊人

导语

1956 年 6 月 6 日，一年一度的苏联航空节在莫斯科举行。与往届不同的是，为了沟通与西方国家的关系，打破僵局，苏联还邀请了美、英、法、意等 28 个国家的航空代表团到会。中国空军司令员刘亚楼也率领中国航空代表团应邀前往。那时的中国还没有与美、英、法等西方国家建交。

刘亚楼秘书兼翻译　孙维韬（82 岁）：临走以前，周总理专门接见刘亚楼，他代表团团长，给他提一个什么问题呢，说这次去了以后，这个非常复杂，因为抗美援朝战争结束以后，第一次和美国的空军见面，而且是我们没有外交关系，和这些国家都没有外交关系，怎么处理这个问题呢，周总理讲的非常详细，说我们要始终不亢不卑，而且有理有节，刘亚楼就问他，他要握手，跟我握手呢，周总理说一定要握手，我们表示大国的风度，但是不主动握手。

苏联航空节的第二天，东道主特意安排了一次苏联国家党政领导人与各国代表团会面的宴会。主持这次宴会的苏联国防部长朱可夫首先举杯祝酒，而后请刘亚楼讲话。

刘亚楼秘书兼翻译　孙维韬（82 岁）：他首先讲，他说亲爱的朋友们，亲爱的同志们，首先朋友们，因为那在场的不是同志，是朋友，他说我们中国代表团应苏联元帅、国防部长朱可夫的邀请，来到了红色的莫斯科，这次他给我们提供非常好的机会，使我们能够与世界各国的航空人员有见面的机会，来畅述友谊。

刘亚楼的讲话译成英文后，与刘亚楼只有一座之隔的特文宁立即站起身来，与刘亚楼碰杯。

刘亚楼秘书兼翻译　孙维韬（82 岁）：这一碰杯不要紧，那记者非常敏感，提出问题了，说这是不是抗美援朝战争结束以后，中国将军和美国将军第一次碰杯？刘司令员说是的，这是不是象征着友谊，刘亚楼说当然是的。

世界再一次把关注的目光投向了中、美空军，如同不久前发生在朝鲜半岛的那段空中往事。

【解说】

1949 年 10 月 1 日下午，17 架参加开国大典的受阅战机，出现在天安门上空，这是新中国空军的首次亮相。广场上的数十万观礼人群欢呼雀跃，兴奋异常，而站在天安门城楼的上的毛泽东，只是缓缓抬起手臂，凝目仰视着天空。

毛泽东十分关注新中国空军的筹建，在中国人民政治协商会议第一届全体会议上说："我们的国防将获得巩固……不但有一个强大的陆军，而且有一个强大的空军和一个强大的海军。"10 月 25 日，中央军委正式任命刘亚楼为空军司令员，肖华为政治委员兼政治部主任。11 月 11日，中国人民解放军空军司令部正式成立。

在筹备之初，刘亚楼曾赴苏联考察、谈判，并草签了苏方向中国出售飞机 437 架，派遣专家和顾问 878 名，帮助开办六所航校等内容的协议书。空军组建后，中央军委的第一项使命是：在一年内训练出 300 名以上能够作战的飞行员，准备参加解放台湾及沿海岛屿的作战。建校工作刻不容缓。

【同期声】刘亚楼秘书兼翻译　孙维韬（82 岁）

第一航校在哈尔滨马家沟，是培养轰炸机部队的；第二航校在长春，也是培养轰炸机的；第三航校在锦州，培养歼击机的；第四航校在涿县，也是培养歼击机的；第五航校在济南，也是培养歼击机的；第六航校在北京的南苑机场。

【同期声】空军第 14 师飞行员　马占民（81 岁）

中国共产党要建立自己的空军，从陆军的基础上选，3 纵一共有 5 万人，全部挑飞行员，凡是合格的，这 5 万人，你都可以挑，得经过打仗的 5 万人啊。但是有一个年龄限制，第一，23 岁以下，18 岁以上，这是年龄限制，这个年龄限制，还有的话必须是作战勇敢的。第三，就是表现比较灵活的。一共选了多少人呢，5 万人选了 120 个人。到休检的时候在石家庄，剩了 24 个，这 24 个人，由石家庄到北京，直接进入第六飞行学院，面试我们、检验我们，挑了 8 个人。

【解说】

1949 年 12 月 1 日，五所航校如期开学，只有第六航校因特殊情况拖后了十天，一个月之后，又新组建了第七航校。1950 年 6 月 19 日，以航校速成班第一期学员为班底，新中国第一支航空兵部队在南京成立，几经斟酌后，定名为空军第四混成旅，对外代号称"中国人民解放军太平洋部队"。

【同期声】空军第 4 师师长　方子翼（96 岁）

刘司令就把它叫做第 4 旅，也不叫 2 旅、不叫 1 旅、也不叫 3 旅，叫第 4 旅。有人问他，为什么叫第 4 旅，不叫第 1 旅。他说按照毛泽东思想办事的，毛主席在井冈山的时候，建立红军是从第 4 军开始的，因此他就把空军部队也从第 4 开始，他说这是一个方面。另一方面，我把第 1 留着，打仗，谁打的好了，就给谁。

【解说】

空军第四混成旅成立仅仅六天之后，朝鲜战争爆发。以美国为首的"联合国军"干涉朝鲜内战，战火从空中到地面，不断向鸭绿江方向蔓延。美国空军频频侵入中国领空，对中国安东、辑安地区进行疯狂的扫射和轰炸。侵略者有恃无恐的砸开了新中国的国门。

【同期声】华东师范大学历史系教授　沈志华

在 10 月 8 号毛泽东就发电报告诉斯大林说我们已经决定出兵了，但是还有些细节问题要讨论，后来莫洛托夫 15 号答复，说斯大林同志同意这个以贷款的形式，向中国军队提供现代化的武器装备，说打完仗你们在付款，而且可以按半价计算。但是苏联空军即使两个月以后出动，也不会越过鸭绿江，就是苏联空军只管保护中国的领空。周恩来一听就傻眼了，我们是在朝鲜打仗，你保护中国领空，这算参战嘛。

【解说】

尽管如此，毛泽东毅然作出了令整个世界为之吃惊的伟大决策："我们必须参战！没有空中支援也要出兵！"

【同期声】空军第 4 师第 12 团 1 大队大队长　李永泰（86 岁）

志愿军出国这个决定啊，在那个年代，我们国家刚刚解放大陆，各方面条件很差，正在准备解放台湾。在这种形势下，确实下这个决心，志愿军出国，中央是非常英明，毛主席非常英明。

【解说】

在出国前的一次高级军事会议结束后，彭德怀起身对刘亚楼说："空军司令官，我等着你的空军呐！"刘亚楼语气铿锵："请彭总放心，我们空军要克服千难万险，尽快拉上战场。"

彭德怀率志愿军从 1950 年 10 月 25 日至 12 月间，指挥中朝军队连续发动了两次战役，迫使美军退回了三八线。但在交战中，美军拥有绝对的制空权，致使志愿军的大兵团行动和后勤补给遭到了美空军的狂轰滥炸。对此，毛泽东指示："必须力争在很短的时间内，训练出一批具有一定作战能力的空军，以用于战场支援。"

刘亚楼在空军的一次党委会上明确指出："组建作战部队的步伐必须加快，各航校要尽可能多、尽可能快地组建航空兵部队"。他还提议将飞行学员的四级训练体制改为三级训练体制，免去高级教练阶段，毕业后直接到部队使用战斗机，并在很短的时间内组建了空军第 2 师、第 4 师、第 5 师、第 8 师、第 10 师，各军区空军也相继诞生。空军上下掀起了"速成"的高潮。

【同期声】空军第 4 师第 12 团 3 大队　张积慧（86 岁）

我为了多练技术，多飞行，把技术练好了，好去打仗，但是，你这个时间多了超过时间了，我在辽阳机场在那儿起飞的，在那儿训练，我做特技动作飞到沈阳，沈阳的机场新机场。在那个时候飞机没有多少油了，我回不了辽阳了，在新机场落地，我冲出跑道，把飞机也摔了，飞机摔了，我自己还受了轻伤了。有这个事儿，这就是，没有别人的错，就是我个人的错。想多练技术，好打美国鬼子。

【同期声】空军第 14 师飞行员　马占民（81 岁）

飞行员在这个房间，有航空医生，到九点半，你得熄灯、睡觉，就蒙着那个被子，拿着那个手电筒在那儿学习。

【同期声】空军第 4 师第 12 团 1 大队大队长　李永泰（86 岁）

确实不容易就是了，中国空军的招飞行员，搞航校，学习，出来打仗，仅仅是不到一年的时间。

【解说】

虽然在短时间内空军得到了快速发展，但以当时的力量跟世界头号空中强国美国较量，刘亚楼还是不安的。美国当时投入朝鲜战场的飞机已多达 1200 余架，不仅飞机性能优越，机种配备齐全，而且飞行员也大都是参加过二战，飞过上千小时的"老油条"。与之相比，新中国空军还未满周岁，是刚刚出蛋壳的幼鹰，通过"速成"，勉强能上阵的仅有 2 个歼击航空兵师，1 个轰炸机团和 1 个强击机团，各型作战飞机 117 架。飞行员平均飞行时间不足 100 小时，无论是指挥员和飞行员都缺乏实战经验。

【同期声】空军第 4 师师长　方子翼（96 岁）

刘亚楼他说你当师长，你师长有没有打过空战啊？我说我没打过，但是动作知道。他说，这么说来，我们的空军对空战还是一个谜。他说这个东西要想办法要解开这个谜。你什么时候训练好了，你给我打电报，叫你们上前线。

【解说】

对于空军力量如何使用，刘亚楼提出：采用隔江驻扎、升空越江空战的方案。中央军委和毛泽东批准了他的方案，并任命刘震为志愿军空军司令员。

1950 年 11 月 15 日，斯大林给毛泽东发来电报："为增强苏联空军在中国人民志愿军后方对美空军的作战，拟增派 120 架米格—15，分两批来华，增加到早已部署在东北的别洛夫空军师中，并由此成立空军军一级的指挥机构。"1950 年 12 月，美国也紧急增调两个空军联队，以"控制封锁、密切支援"的方式，加紧破坏和干扰中朝军队的战役行动和后勤支援。

1950 年 12 月 4 日，刘亚楼正式给经过"换装"后空军第 4 师下达作战命令：以大队为单位轮番进驻安东，以 28 大队为始，进行实战锻炼。命令特别指出："这次参战是我空军破天荒第一次，要十分谨慎小心领导之……"。

【同期声】空军第 4 师师长　方子翼（96 岁）

我给你个紧箍咒，你不要一下子把一个大队放出去，开始的时候给你两架飞机、四架飞机的权利，什么时候能够你指挥八机打仗的话，听我的命令。

【同期声】刘亚楼秘书兼翻译　孙维韬（82 岁）

连那个苏联专家都不敢相信，就你们这飞行员上，全部送死的。刘司令员说，我们等不及了，战争就是要在边打边建，在战斗中学习战争。

【同期声】空军第 4 师师长　方子翼（96 岁）

一定要特别掌握好情况，在敌情少的情况下，你才出动，敌情多的话，你暂时别动，因为你是锻炼，去叫你闯第三关呢，也是揭开空战之谜。

【解说】

12 月 21 日，方子翼率领志愿军空军第 4 师第 10 团 28 大队进驻安东浪头机场。年轻的中国雏鹰，即将迎接当时世界上技战术水平最高的空战的历练。

1951 年 1 月 21 日上午，美军出动 20 架 F-84 战斗轰炸机，分数批沿平壤至新义州一线飞来，企图轰炸铁路和宣川地区。

【同期声】空军第 4 师师长　方子翼（96 岁）

这个时候，刘司令已经是让我派八机出去。实际上，那天出了六架飞机出去。那么到了宣川那个地方，李汉他们就发现敌机了，他跟我说，我发现敌机。

【解说】

混战中，双方的战斗编队都已冲乱，李汉从瞄准镜里紧紧套住了一架长机，在距离 300 米处，按下了炮钮，美机冒着浓烟，歪斜着向南逃去。根据李汉的照相胶卷，经苏联友军判定为击落 F-84 飞机。

【同期声】空军第 4 师师长　方子翼（96 岁）

打下来这一架飞机，大家高兴的要命。那么我就发电报给刘司令，刘司令回电报，就是鼓励。打了这一次，这就胆大了，就知道是怎么回事儿了，等于是揭开了空战之谜了。

【同期声】空军第 14 师飞行员　马占民（81 岁）

朱总司令在抗美援朝时候说，谁打下来第一架飞机，谁是英雄，李汉打下来了，当了个英雄。

148

【解说】

1951 年 1 月 29 日，志愿军空军某雷达站报告：在定州、安州上空发现敌机。空军第 4 师指挥所令 28 大队立即出击，直飞战区，经过激战击落击伤敌机各 1 架。在两次交锋中，28 大队取得了击落击伤美机 3 架的战绩，打破了美国空军不可战胜的神话。李汉也一战成名，成了妇孺皆知的英雄。毛泽东也为志愿军空军的战果感到振奋："空军的胜利，政治意义远远超出了军事意义。"

【同期声】空军第 3 师飞行员　刘玉堤（90 岁）

参加会议，给我们主持，完了以后他介绍完经验，刘亚楼他讲话，他指着名，指着你刘玉堤、你牟敦康、你王海、林虎这几个人，你们几个人，你们能不能像李汉一样啊，能不能打下飞机来，当时我们不说话呀，不敢说话啊，那大会怎么说。后来，开完会啦，在一块吃饭啦，喝酒，喝两杯酒呢，就壮壮胆，酒能壮胆啊，我去给刘亚楼去敬酒去，我说刘司令，李汉能打下飞机来，我们也能打，只要叫我们上，我们就能上，就能打下飞机来。

【同期声】刘亚楼秘书兼翻译　孙维韬（82 岁）

刘亚楼当时给他们提出口号，我们要空中拼刺刀，而且要拿出勇敢来，如果你剑短的话，往前迈一步就会插进去。这刘亚楼跟我们讲的，如果你剑短的话，你往前迈一步就会插进去，用我们的勇敢来弥补技术的不足。

【解说】

1951 年 6 月，美国远东空军司令斯特拉迈耶被解职，接替他的是奥托·威兰中将。他电请美国空军参谋长范登堡，要求再派一个空军联队到日本，调两个喷气式战斗机联队到朝鲜，以形成兵力上的绝对优势。

1951 年 9 月，中国新组建的空军已有 9 个驱逐师和 2 个轰炸师可以参战。此时的朝鲜战争进入了边打边谈的相持阶段。为了配合谈判，"联合国军"总司令李奇微要求美国空军"在此谈判期间，应采取行动以充分发挥空军威力的全部能力"。美国大批最新式 F-86 "佩刀"式喷气战机送到朝鲜，美国空军增至 19 个大队，作战飞机达 1400 余架。

【同期声】空军第 4 师师长　方子翼（96 岁）

原来的 F86-A，现在变成了 F86-F，F 的意思是什么？既能打空战，又能投弹，那么增加了新式飞机，又增加了一些老飞行员。其中就有一些战斗英雄。

【解说】

为了粉碎美国空军的"绞杀战"。经中央军委决定，空军以师为单位，采取轮番进入、由少到多、以老带新等办法，组织部队陆续参战。1951 年 9 月 12 日，中国空军第 4 师再度出征，全师 55 架战机同时开赴安东前线，投入这场大规模的空中对抗。

1951 年 9 月 25 日，志愿军雷达发现由美军战斗机和战斗轰炸机组成的混合编队，共计 5 批 112 架，向我新安州地区进犯。空军第 4 师第 12 团副团长李文模奉命率领 16 架米格 -15 战斗机升空应战。空军第 4 师 12 团李永泰亲历了这场惊险激烈的空战。

【同期声】空军第 4 师第 12 团 1 大队大队长　李永泰（86 岁）

我就下命令说投副油箱，然后我就下去了。因为它高度低，我们高度高，一下子下不了那么低，打不着。刚好这个时候，我就准备往上拉起来，升空以后，我左右再一看，就看到这两个机翼，有好多处负伤了。

【同期声】空军第 4 师师长　方子翼（96 岁）

在 12000 公尺作战，他的炮弹打完了，没打下敌机。当时有四架飞机就围着他打，把他的飞机一共打了 56 个窟窿，打的发动机都熄火了。

【同期声】空军第 4 师第 12 团 1 大队大队长　李永泰（86 岁）

我能够操纵这个飞机，一定把它飞回去，这是国家的财产。

【同期声】空军第 4 师师长　方子翼（96 岁）

他就这么着把飞机滑回来了，落到安东机场了。我们的飞行员也很惊奇，说这个是很不容易的事情。苏联的战指导员跑来一看，说，哎呀，这哪里是飞机啊，这是坦克。所以，李永泰有一个冠名叫做"空中坦克"。

【解说】

就在李永泰、权太万与美机格斗时，担任掩护的 5 号机陈恒、6 号机刘涌新也同一批企图偷袭李永泰的美机展开了厮杀。

【同期声】空军第 4 师师长　方子翼（96 岁）

他（刘涌新）是个新飞行员，他一次有 6 架飞机打他，他的炮弹打完了以后，他打掉了一架 F86，他是第一个打下 F86。后来，人家 6 架飞机打他一个，把他打掉了。

【解说】

刘涌新在朝鲜战场上打下了第一架 F-86,美国空军吹嘘的"佩刀神话"在他的炮声中破灭了。后刘涌新因飞机受损严重,奉命返航,迫降失败后英勇献身,年仅 22 岁。战后,志愿军空军司令部为刘涌新记一等功。

此后,空军第 4 师又协同苏空军参加了两次与美机较大规模的作战,并击落击伤敌机 5 架。美国第 5 航空队宣称:"这 3 天战斗是历史上最长最大的喷气式飞机战役,而且显示了共产党的飞机和飞行技术已经改进了。"他们还将鸭绿江与清川江这一地带称为"米格走廊"。10 月 2 日,毛泽东看到空军第 4 师的战报后,欣然写下了"空 4 师奋勇作战,甚好甚慰。"

10 月 12 日,刘亚楼命空军第 3 师进驻安东浪头机场,接替空军第 4 师出征。而刚刚走马上任的美国远东空军司令奥托·威兰,则发誓彻底摧毁"米格走廊"。空军第 3 师一上场,就碰到了一块难啃的硬骨头。

【同期声】空军第 3 师飞行员 刘玉堤(90 岁)

11 月 10 号那一天,过了清川江,在云上面看见一大片小黑点,我就报告团长,报告孟进副团长。我说我发现小狗,一大批小狗,这是代号。他说你攻击,我掩护。我说好。

【同期声】刘亚楼秘书兼翻译 孙维韬(82 岁)

刘玉堤大胆到什么程度,在空中,喷气式飞机速度非常快,都是超音速的飞机,两个人对飞过程当中,简直是分秒必争,过去一下都很厉害。刘玉堤要求对敌机开炮的时候,不能低于六百公尺,刘玉堤四百公尺开(炮),近距离开(炮)。

【同期声】空军第 3 师飞行员　刘玉堤（90 岁）

我不管你三七二十一，我就上去了，上去就对着一个，这个黑飞机就嘭的一炮，一炮一打它，上云里头去，在云里头，我还开着炮，开着炮呢。这个就击伤了，回来一判图击伤了。接着我说没打上，怎么没打下来呢，赶快我又找一个，又让我一炮，打一个翅膀子，嘭一下着火，一个翅膀也掉了。

【同期声】刘亚楼秘书兼翻译　孙维韬（82 岁）

那个弹片就眼前爆炸，到那个程度。苏联教官感到很惊讶，太勇敢了，太勇敢了，他说太勇敢了，你再不打就撞上了，就这样程度。

【同期声】空军第 3 师飞行员　刘玉堤（90 岁）

美国那么强大的空军，我们能够战胜它，因为我们都是勇敢不怕死的人，都在战场上拼过刺刀的人，所以说上去以后，他在空中也拼刺刀，打不下来也要撞它一下，我用的就是这架飞机，这架飞机有功啊！

【解说】

在抗美援朝战争中，刘玉堤先后击落击伤敌机 8 架，被志愿军领导机关授予"一级战斗英雄"称号，荣立特等功、一等功各一次，并获朝鲜民主主义共和国二级国旗勋章。

初上战场，身为空军第 3 师第 9 团 1 大队大队长的王海，在回忆录中记述了当时的心情："这几天，可以说是我们一大队飞行员最难熬的日子，别人打下了敌机，我们没有打下，压力太大了。同志们个个心急如焚，我作为大队长，心里更是窝着一把火。"11 月 18 日，美国空军出动 9 批 184 架飞机对清川江、安州一带的铁路线进行轰炸扫射。第 9 团

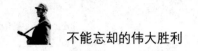

奉命升空迎敌。

【同期声】空军第 3 师第 9 团 1 大队大队长　王海（87 岁）

　　山东人有一句话：脑袋瓜子别在裤腰带上，什么都不怕，我们土话就是这个。有这个信心，什么都不（怕），有这点气节就够了。

【同期声】空军第 3 师第 9 团 1 大队王海僚机　焦景文（87 岁）

　　敌人那个技术高明得很，你也打我，我后面也有打你的。王海那个飞机后边不是有敌人吗，我得打它啊，打敌人呀。一打它，我这个地方也叫人家打了。

【解说】

　　短短的几分钟，王海、焦景文各击落敌机 2 架，孙生禄击落一架，王海大队干净利落创下 5：0 的战果。

【同期声】空军第 3 师第 9 团 1 大队大队长　王海（87 岁）

　　宁可死了，你也得完成任务啊。对不对？很简单，勇往直前。

【解说】

　　在抗美援朝战争中，空 3 师 9 团 1 大队与美国空军激战 80 余次，共击落击伤敌机 29 架，王海本人击落敌机四架、击伤五架，先后荣立二等功、一等功、特等功，被授予"一级战斗英雄"称号。他所在大队也被誉为"英雄的王海大队"，享誉中外。

　　多年之后，王海以中国空军副司令的身份，随中国军事代表团访问美国。美国空军参谋长查尔斯·加布里埃尔打破原有的行程安排，提出要见一见王海。

【同期声】空军第 3 师第 9 团 1 大队大队长　王海（87 岁）

我开始不了解他的意思，我是团员，我得请示张爱萍部长。我说，他要见我。他说，什么意思呢？我说，我也不知道啊，他说，你就去见一见吧。那么以后他单独在他办公室见了我，他办公室很大，有一个大桌子摆了好多飞机。我一看，就看到他这个抗美援朝美国用的那个 F86。他就说了，我们交过锋。我说好啊，以后你再侵略我们，我们还要把你打下来。他说好，我们友好，我们友好。这样我们两个就交了朋友了。

【解说】

孙生禄，空军第 3 师第 9 团飞行员、飞行中队长，曾击落击伤敌机 7 架，素有"空中突击手"之称。1952 年 12 月 3 日，孙生禄率领僚机先后与十架美机格斗。在飞机起火后，他驾着熊熊燃烧的战鹰向敌机群猛冲过去，把一腔热血洒在朝鲜大地上。追记特等功一次，并追授一级战斗英雄称号。

赵宝桐，空军第 3 师第 7 团飞行中队长。在抗美援朝空战中，他沉着机智，击落敌机 7 架、击伤 2 架，创造了志愿军飞行员击落敌机的最高纪录，被授予一级战斗英雄荣誉称号，两次荣立特等功，成为中国空军历史上的"空战之王"。1952 年 2 月 1 日，毛泽东主席亲笔写下"向空军第三师致祝贺"。

大和岛位于朝鲜西海岸铁山半岛的南端，距鸭绿江口约 70 公里。在该岛及其附近岛屿上，盘踞着敌人情报机关人员 1200 余人，设有大功率的雷达、对空指挥台和窃听设备，专门搜集朝、中两国的军事情报。为保证后方安全，1951 年 10 月底，志愿军总部决定，以空军配合地面部队攻占大和岛等岛屿。

志愿军空军第 8 师、第 10 师各一部，于 1951 年 11 月 6 日、29 日和 30 日三次出击，轰炸大和岛，直接支援地面部队作战。

轰炸大和岛，是抗美援朝战争中志愿军空军部队第一次多机种直接协同作战，也是抗美援朝战争中唯一一次直接支援地面部队作战。

1951 年 11 月 21 日，美国空军参谋长范登堡在国内的一次记者招待会上曾感叹地说："共产党中国几乎在一夜之间就变成了世界上主要空军强国之一"。

【同期声】空军第十五师第四十三团第一大队中队长　韩德彩（80 岁）

我们打仗胜利是毛泽东思想胜利，按照毛主席怎么讲的我们怎么打。毛主席说了，一切反动派都是纸老虎，敢跟它干就行。我们也研究啊，这敢于战争，敢于斗争，敢于胜利，你得善于斗争，善于胜利，研究敌情，敌我对比，敌人怎么样，我们得有我们的办法。

【同期声】空军第 4 师第 12 团 3 大队　张积慧（86 岁）

勇敢的精神啊，就得拿出这个精神来，你怕是不行的。从我这作战当中，我是体会，打仗一个是靠技术，再一个靠勇敢，靠你的思想，这个很重要。

【同期声】空军第十五师第四十三团第一大队中队长　韩德彩（80 岁）

你打你的，我打我的，打得赢就打，打不赢就走。咱不跟敌人硬拼，这样走过来的。敌人后面来，开始敌人也是讲，说中国人，你们不会打仗，你们不能打仗，你们刚飞，你们打什么仗。

【同期声】空军第 3 师飞行员 刘玉堤（90 岁）

我们这飞行员，都有一股子想着为祖国争光，就多打飞机的这种精神。所以，他就拼着死命，他也去打去，最大了不起的你把我打死；再一个实在打不了的，打不着的话，我可以跳伞，都有这种精神上去了，不怕。

【同期声】空军第十五师第四十三团第一大队中队长 韩德彩（80 岁）

美国人说中国飞行员不讲战术。我们说，这就是我们的战术，勇敢加技术，老子和你拼命，你也没办法，就这种精神。所以一夜之间变得强大了，他想不清楚，说中国空军怎么这个样呢。

【解说】

刘亚楼多次亲临前线，参加空战指挥。在听取各级指挥员和飞行员的大量实战经验后，与刘震研究，提出了著名的"一域多层四四制"的空战战术原则。

【同期声】空军第 3 师飞行员 刘玉堤（90 岁）

在实战中间，锻炼过程中间，他研究出这么一个东西，很英明。

【同期声】刘亚楼秘书兼翻译 孙维韬（82 岁）

四四制是什么呢，四架飞机做一个战斗单位，陆军是三个人做一个战斗单位，空军是四架飞机做个单位。为什么呢，空军四架飞机是长机、僚机，长机、僚机，长机都是主攻的，僚机都是掩护的。在作战当中非常方便。

【解说】

1952 年 2 月 10 日上午，美军出动了 F−80、F−84 战斗轰炸机 2 批 16 架，轰炸朝鲜军隅里附近的铁路线。戴维斯率领 18 架 F−86 战斗机担任掩护。志愿军空军第 4 师紧急起飞 2 个团共 34 架米格−15 战斗机，升空迎击。

【同期声】空军第 4 师第 12 团 3 大队　张积慧（86 岁）

他对面迎来了，对头我也是飞过去了，我就疾速地转弯来咬他，一下咬住他的尾巴了。这样，我就靠近他，就是在四、五百米的时候，我就向他开炮。

【同期声】空军第 4 师师长　方子翼（96 岁）

那一天打仗回来了以后，谁也没报告说我打掉飞机。唯独张积慧给我报告，我叫人打掉了，但是我打掉了飞机。

【同期声】空军第 4 师第 12 团 3 大队　张积慧（86 岁）

空战挺激烈的，有另外一批敌人，也打了我，击中我了，我跳伞了，跳伞跳到这个志愿军这个阵地上。

【同期声】空军第 4 师师长　方子翼（96 岁）

隔了两天以后，刘司令发来电报，说是美国的报道，在 2 月 10 号一天，他有个战斗英雄，戴维斯被共军打掉了。他说你赶快查一查，是苏联人打掉的，还是高炮打掉的，还是你空四师打掉的？

【同期声】第 50 军 149 师 447 团政委　吕品

戴维斯被打下来的地方，和这个张积慧跳伞降落的地方，也就是几公里的地方，张积慧高空跳伞，晃晃悠悠，晃晃悠悠，很长时间落地了，到我们部队，围上去的时候，张积慧他靠着一棵树，抬着头就往那个天空里看，我们到跟前一看，是我们的驾驶员。护送到团里来，让厨房煮的面条，他吃了一碗面条，以后就唠起来了，说有没有被打下来的飞机，我们告诉他，有一架飞机打下来了，坠落在我们三营的一个山头上面。他说，是我打下来的。这时候他自己讲，说我是被敌人的僚机打中了，飞机起火了，我紧急跳伞。

【解说】

戴维斯，是第二次世界大战中的王牌飞行员，有着 3000 多小时的飞行经历，曾击落各型飞机 21 架。被美国空军称为"空中英雄"。"戴维斯"之死震惊了美国上下。美国国会议员、共和党领袖鲍里奇在国会大发雷霆说这场战争"是美国历史上最为耻辱的战争"。戴维斯的妻子也向美国空军当局提出了强烈抗议。

在抗美援朝战争中，张积慧先后参战 10 余次，共击落 4 架 F-86。志愿军空军为他记了特等功，荣获"一级战斗英雄"称号。

【同期声】空军第 4 师第 12 团 3 大队 张积慧（86 岁）

击落戴维斯那次，单子玉是当我的僚机，掩护我击落戴维斯，所以这个功劳不能说你个人的。

【解说】

与戴维斯的这场空战中，张积慧的僚机单子玉壮烈牺牲，后来张积慧把单子玉的一绺头发剪下来，揣在怀里，直到胜利。

【同期声】空军第 4 师第 12 团 3 大队　张积慧（86 岁）

我们这个团是航空兵第 4 师 12 团，我们师有两个团长，第一个团长是国民党起义的叫赵大海，他作战中牺牲了，第二个团长就是和我一起学飞行的叫陈亮。他安全跳伞了，美国鬼子对他这个伞扫射，他也牺牲了。

【解说】

1953 年春，美国空军将 F—86 飞机增加至 300 余架，其战术也发生显著变化。他们调来了一些飞行时间达一两千小时的"王牌驾驶员"，组成"猎航组"，偷袭志愿军空军正在起飞或着陆的飞机。

【同期声】空军第 4 师第 12 团 1 大队 1 中队队长　施光礼（86 岁）

我们返航的时候，我和僚机两个人，在一师有个飞行员跟我当僚机，他保护我，说我后面有敌机八架，我一看他后面的话呢，也有八架跟着他，这个时候的话，我就不管我后面的这个敌机了，我就去支援他，要不支援他的话，他就先被敌机打掉，这么一打以后的话，打着从高空一直打到低空。

【同期声】空军第十五师第四十三团第一大队中队长　韩德彩（80 岁）

打我们起飞落地的飞机。这一招很厉害。这一招我们吃了不少亏。

【解说】

韩德彩，时为空军第 15 师第 43 团第 1 大队中队长，1953 年 4 月 7 日，韩德彩与战友返航归来、准备着陆。当下滑至高度 1000 米时，耳机里传来了地面指挥员的声音。

【同期声】空军第十五师第四十三团第一大队中队长　韩德彩（80岁）

塔台喊，说拉起来，拉起来，敌人向你开炮了，我一看敌人，我长机在前面嘛，我就反过来向这这边看，向后看，没看到，又反过来往这边看，改平还没有。这个时候，向机场方向看，回过头来向机场方向看，看到机场在山洼里面有两个飞机，黑的，就是伪装色，两个飞机，距离很近，就像编队一样。就是美国人撵这个苏联人，前面走后面就开炮。

【解说】

韩德彩第一时间冲上去，以解友机之危。

【同期声】空军第十五师第四十三团第一大队中队长　韩德彩（80岁）

我们三个炮，一次打了80多发炮弹出去。一打一个炮弹，直接打到敌人的（飞机上）。我看炮弹落到左边机身和机翼之间，一打，火呼啦就出来了，冒烟出来了，接着我就喊地面，我看出来个黑东西，我说敌人跳伞了，快来抓俘虏。扭头我就回来了。

【解说】

美国飞行员跳伞后，被地面高射炮部队活捉。他就是美国空军第51联队上尉、"双料王牌驾驶员"哈罗德·爱德华·费席尔。

1997年，费席尔随美国飞虎队协会访华。在上海费席尔见到了韩德彩。相逢一笑泯恩仇，韩德彩将亲笔书写的一幅字送给费席尔："着眼未来"。

【同期声】空军第十五师第四十三团第一大队中队长　韩德彩（80岁）

被打下来不服气，一定要见我。一直到 1997 年他来的时候，我就问他，当时你被打下来，你是不是不服气。他把头一扬，说当时我庆幸我还活着。他说了这句话，觉得这句话才是他的真心话。他把这个送给我，他讲这是他父亲给他做的，摆在他的办公室里面 40 多年的历史，作为友谊的象征么给我。

【解说】

蒋道平是志愿军空军第 15 师飞行员，在 1952 年 12 月到 1953 年 7 月的七个月间，先后击落 F-86 飞机 5 架、击伤 2 架。

1953 年 4 月 12 日，蒋道平击落了一架 F-86 战斗机，至于美军飞行员是谁，一时难以核实。

【同期声】刘亚楼秘书兼翻译　孙维韬（82 岁）

美国麦克康奈尔，他打掉 16 架米格飞机，他属于三料王牌。蒋道平给他击落，蒋道平在陆军就是两次战斗英雄，当时那个飞行员跳伞了，掉水，五分钟之内，它直升飞机给救走。

【解说】

获救后，麦克康奈尔被送回美国本土，1954 年 8 月 24 日在美国爱德华兹空军基地试飞一架 F-86H 喷气式战斗机的超速性能时，飞机发生液压故障，跳伞时离地面太近而坠地身亡。而蒋道平于 2001 年 10 月 29 日，中国人民解放军空军司令部给他发去了迟到 48 年的嘉奖函。

1953 年 5 月 30 日 2 时，第 4 师第 10 团副团长侯书军和领航主任宋亚民在空战中击落敌机 1 架。创造了中国空军第一次夜间击落敌机的记录。7 月 19 日下午，志愿军空军以击落击伤 3 架敌机的战果，打完了在朝鲜的最后一次空战。

志愿军空军在两年零八个月的战斗中，由不会空战到学会空战，由打小仗到学会打大仗，由单机种作战到组织多机种联合作战，由只能在昼间简单气象条件下作战到能在昼夜间复杂条件下作战，在战斗中迅速成长。志愿军空军先后有 10 个驱逐师和 2 个轰炸师的部队，共 672 名飞行员和 5.9 万名地勤人员参加了实战的锻炼。其中，有 116 名年轻的飞行员血洒长空、献出了宝贵的生命。

在旅顺苏军烈士陵园内，长眠着 202 位杰出的前苏联飞行员。他们在抗美援朝战争中，以自己精湛的飞行技艺和大无畏精神，协同年轻的中国空军并肩作战，驰骋疆场！苏空军击落敌机 879 架，苏方损失飞机 745 架，这段历史直到 20 年后才解密。

【同期声】空军第 3 师飞行员　刘玉堤（90 岁）

我们打下它 330 多架，咱们打下它 330 架，击伤它 95 架飞机，他们打中我们 231 架，击伤我们 115 架。他们都是些王牌飞行员，全是参加过第二次世界大战的。咱们呢，那时候刚刚组建，为什么那时候把它能打下来，咱们是从陆军基础建设的，所以都是英勇不怕死的人，那时候厉害得很呀，都争着上天，争着上天去打仗。

【同期声】空军第 14 师飞行员　马占民（81 岁）

中国人民空军的成长，就是在战斗当中成长，在战斗当中来发现人才，在战斗当中来培养人才，在战斗当中来以老带新，把它成长起来了。

【解说】

在抗美援朝战争期间，中国人民抗美援朝总会向全国人民发出了为志愿军捐献飞机、大炮的号召，全国各行各业的群众掀起了捐献的热潮。豫剧大师常香玉率领"香玉剧社"从西安出发、一路南下、连演 178 场，将义演的收入，捐购了一架战斗机。截止到 1952 年 6 月 24 日，全国各界人民共捐款 5.56 亿元，可购战斗机 3710 架。

遥望 60 多年前朝鲜的天空，洒满了中国人民志愿军空军将士们的热血。中国人民志愿军空军在两年零八个月的空战中逐步壮大、成长，创造了光辉的战绩，立下不朽功勋。历史作证，我志愿军空军前辈们才是名符其实的傲气雄鹰。此战，奠定了中国空军在强手如林的世界空军中的地位，对于战后中国人民解放军空军的建设与发展具有重大的历史意义。

第八集　一半功劳

导语

　　1900 年 5 月，英国陆军元帅蒙哥马利第一次出访中国。这位在第二次世界大战中指挥了著名的阿拉曼战役和诺曼底登陆的杰出军事家，此行只做了 5 天的安排。在紧凑的行程中，蒙哥马利突然提出想见一位中国将军，缘由是这位将军在朝鲜战场上"创造了惊人的奇迹"。这位中国将军就是洪学智，朝鲜战争时的志愿军后勤指挥官。在他的运筹帷幄下，志愿军后勤工作开创了人民解放军后勤工作现代化的先河，由此扬名于世。

　　时任志愿军副司令员　洪学智（2000 年采访）：（美国）有一个人写了一本书，就问这个志愿军后勤部长是个什么人？我到哪里去，他们问，说我在哪个学校毕业的？我说我在你们空军学校毕业的。他们当时愣了，说怎么会在这里。我说我不是搞后勤的，我是搞指挥员的。我说朝鲜战场上，你们空军狂轰滥炸，教会我怎么做后勤工作的。

【解说】

中国古时有这样一句话："兵马未动、粮草先行"。可见，后勤保障，对战争的胜败起着极其重要的作用。早在 1950 年 8 月，为保证东北边防军的后勤供应，东北军区就成立了后勤部。但是，其机构并不健全，人员也严重不足，到中国人民志愿军正式成立时，东北军区后勤部各分部和兵站还缺干部一千五百多名，并且几乎没有战备物资储备。志愿军的后勤保障从一开始就面临着巨大挑战。

洪学智，中国人民志愿军第二副司令员，在志愿军领导机构正式成立后，分管后勤。最初，志愿军并没有设立专门的后勤部，只是在司令部里设置了后勤科。志愿军主要的后勤保障依然是由东北军区后勤部来负责。

【同期声】志愿军司令部作战参谋　赵南起

朝鲜战争和国内战争不一样，国内战争的后勤补给一个是就地取材，粮食这些东西，走到哪儿咱们筹集就完了。但是，朝鲜战争基本上都是靠国内运输，就地没有那么多粮食。

【解说】

志愿军刚入朝时，后勤运输的主要工具是汽车，而此时的"联合国军"拥有绝对的空中优势，他们投入朝鲜战场的各种飞机达 1200 余架，其中大部分用于破坏我军后方和运输。敌人对朝鲜北部的城镇、工厂、车站、桥梁等重要目标进行了毁灭性的轰炸，并以少架多批次的战斗轰炸机，依山傍道，昼夜不停地超低空搜索扫射，不放过一人一车、甚至一缕炊烟。

【同期声】第15军军医院护士长　刘玉珍

听着飞机响了，我没有注意，没有想到飞机。我一个人在路上走，结果回头一看，那飞机，越走声音越大，回头一看，飞机就照我打，我就往那个公路边上，往那一躲。它转回去以后，回来又打，打了三翻，轮了三遍。

【同期声】志愿军总后勤部汽车第3团驾驶员　陈善

把我们汽油桶打着了，很大的声音，爆炸了，喷的到处的汽油，车子都烧了，粮食也烧光了。我们趴到车底下，完了它就飞走了。

【同期声】第21军后勤部医疗3所调剂员　方浩

一过鸭绿江，惊呆了，眼睛看到的一片是什么东西？铁路两边全是炸翻的车厢，火车厢，基本上堆满了，有的（车厢）甚至到几百米的山顶上去，车箱炸到山顶上去了。

【同期声】华北运输第8团2营卫生所助理军医　王同顺

晚上走，白天睡，就这样。不能烧火，一生火，一冒烟，飞机给你炸掉，部队损失很大。

【解说】

　　志愿军入朝之初共有运输车 1300 多台，仅一周就损失了 217 台，即总数的六分之一。其中，百分之八十以上是被敌机击毁的。交通运输时有中断，物资无法按时送到部队，伤员无法及时后运治疗，军队战斗力受到很大影响。彭德怀曾给中共中央发过 6 个字的电报："饥无食、寒无衣"。前方的战士们连最基本的吃饭和穿衣都成了大问题。

【同期声】志愿军内卫第 64 团作训参谋　白福云

　　后勤保证供应，枪支弹药，粮食，粮食嘛，你要吃、喝啊，才能打仗啊。

【同期声】志愿军司令部电台报务员　华庆来

　　就是肚子饿，吃不饱。一天两顿饭，伙房做饭也有限制，因为你一冒烟了，敌人飞机看见了，就要来炸。所以伙房做饭也是偷偷摸摸地做了，就给我们吃一点。有的时候供不上了，有的时候给一碗高粱米饭，给我们红的辣椒面，每个人碗里撒一点就吃了。实在不行，供应上不来了，就发一块压缩饼干，就当饭。

【解说】

　　第一次战役结束后，东北军区后勤部根据前线的实际需求，向总后勤部提出了"以炒面为主"，"制备熟食，酌量提高供给标准"的建议。不久，炒面的样品被送到了志愿军前线指挥部。彭德怀和几位副司令看后非常满意，随即电告东北军区后勤部"要大量前送"。

　　如果让前线的每一名志愿军官兵都吃上炒面，所需要的炒面量是惊人的。在第二次战役即将开始之时，中共东北局又召开了一个炒面煮肉会议，对志愿军后勤工作十分关心的周恩来特地从北京赶来。会议部署，在一个月之内赶制650万斤炒面和52万斤熟肉。

【同期声】志愿军司令部电台报务员　华庆来

彭老总有一句话，这个我们大家都知道，就是供给上来，首先给作战部队，其次才是机关。

【解说】

自此"一口炒面，一把雪"，成了志愿军在朝鲜战场上艰苦战斗场面最真实而又最凝练的写照。

【同期声】第47军第139师第415团指导员　李继润

在朝鲜，我们背的炒面，饿了怎样办呢，朝鲜冬天有雪，就吃一把炒面，然后吃点雪。

【解说】

入冬后，朝鲜北部极其寒冷，加之山峦险峻，志愿军后勤运输更加不畅。这一时期，志愿军非战斗减员十分严重。

【同期声】志愿军司令部作战参谋　赵南起

零下30度，减员太大了，损失太大了。即使穿棉衣的也不一样，东北那个棉衣呢厚。华东棉衣一套才三两。东北是皮帽子，华东就是蓄点棉花的那个薄帽子，经不起冻。

1951年1月22日，由东北军区副政委李富春主持，在沈阳召开了志愿军第一次后勤会议，周恩来、聂荣臻、吕正操等人专程赴沈阳参加会议。会议着重研究了改进交通运输和建设兵站等问题。并第一次提出将后方作为"战场"来对待。

三天后，彭德怀在中朝两军高干联席会议上作了题为《三个战役的总结与今后的任务》的报告，报告中要求各部队要做好下一次战役的思想准备和物资准备，特别强调，要搞好后勤保障。

随后，洪学智对入朝三个月以来的后勤工作进行了总结，他指出：志愿军后勤工作有很大成绩，存在主要问题是物资供应不上，伤员抢救不及时，部队是在挨饿受冻的情况下打败敌人的。部队普遍反映有"三怕"：一怕没饭吃，二怕无子弹打，三怕负伤后抬不下来。

【同期声】志愿军司令部作战参谋　赵南起

朝鲜战场运输问题，作为志愿军的重大战略问题，更是后勤的重大战略问题。后勤要保证，必须运输供上去，运输供不上去，国内有物资也运不上去。没有后勤保证，胜利没啥希望。朝鲜战争，周总理讲的，千条万条运输第一条。

【解说】

缺乏制空权，是造成志愿军补给困难的主要原因，前三次战役中，志愿军共损失了1200多台汽车，平均每天损失30台。此外，志愿军后勤机构不健全也是一个重要原因。在朝鲜战场上美军13个后勤人员供应1个兵。志愿军则是1个后勤人员大体要供应6—10个兵。对此，洪学智提出，要搞好后勤工作，"必须有强有力的后勤机构，必须组织多线运输。必须事先准备物资，必须加强对敌机的斗争。还要依靠就地筹粮、取之于敌。"

【同期声】华东军区汽车第 1 团政委　王郁文

军政治部主任在这里，到农村里面去收集粮食，收集粮食以后，给朝鲜老百姓打个收条，某年某月，我们收到朝鲜人民的，吃到了朝鲜人民的（饭），等抗美援朝结束以后，算帐、结帐、赔偿。

【同期声】志愿军司令部作战参谋　赵南起

朝鲜老百姓生活是非常苦的，可以说是缺衣少食。但是呢，就在这样情况下，1950 年 10 月志愿军入朝以后，一直到 1951 年的上半年，朝鲜老百姓啊，前前后后给志愿军捐赠了 9 万吨粮食。

【解说】

会议进行到第二天，前线传来了敌人开始全面进攻的消息。刚刚上任不久的"联合国军"总司令李奇微，根据三次战役的战斗记录，发现志愿军后勤补给存在着极大不足，那就是补给能力只有 7 至 10 天。李奇微将志愿军的这种现象称为"礼拜攻势"。趁志愿军正在修整之际发起全线反扑，第四次战役被迫开始。

【同期声】志愿军司令部作战参谋　赵南起

为什么礼拜攻势呢？吃的都自己背的，背多了背不动啊，只能背一个星期的。弹药呢也是一个战役一个基数，军队这个弹药讲基数，只能背一个基数，最多一个星期（弹药），打完了就没有了。

【解说】

第四次战役期间，彭德怀回国汇报朝鲜战场情况。在 1951 年 2 月 24 日的军委扩大会议上，彭德怀介绍了志愿军在朝鲜前线作战中物资、生活、兵员等各方面存在的严重困难，提出希望国内各行各业都要全力支援。

【同期声】彭德怀军事秘书　杨凤安

但讨论落实的时候呀，这些人就说，我们国家刚刚（建立），说这么困难，那么困难。彭老总拍桌子说，你们这么困难，那么困难，你们都不知道朝鲜吃不上饭，挨冻呀，那都是十几岁的娃子，朝鲜的情况就不困难吗，莫非说比朝鲜的问题还困难。这样周总理就召开了会议，问题很快解决了。

【解说】

4月6日，志愿军党委在金化郡上甘岭召开第五次常委扩大会议，布置第五次战役。彭德怀号召各兵团、各军和后勤部门，必须尽最大努力，扎扎实实做好后勤保障工作。特别是粮食弹药，不可疏忽大意。彭德怀指出："如这次打胜了，全体指战员的功劳算一半，后勤工作算一半。"

在第四次战役进行时，志愿军部队先后入朝48个师，总兵力已达95万人。这样近百万大军的后勤供应，再靠远在后方的东北军区后勤司令部来代管，显然已力不从心。

1951年5月3日，由洪学智起草，以志愿军党委名义发出加强后勤工作的指示，并报请中央军委，将东北军区后勤部派出的前方指挥部改组为志愿军后勤司令部，统一领导朝鲜境内正规军后勤工作。

周恩来与彭德怀、代总参谋长聂荣臻、总后勤部长杨立三反复磋商后，于5月19日，作出中央军委关于加强志愿军后方勤务工作的决定，组建志愿军后方勤务司令部，任命洪学智兼任司令员，周纯全为政委。

志愿军后勤司令部成立后，洪学智提出建立分区供应与建制供应相结合的供应体制，把整个战场划分为战役后方和战术后方两个层次。各分部直接供应到军，取消兵团后勤，军后勤成为一级供应实体，军以下各级仍实行建制供应，加快了军需物资的运转。

到 1951 年 10 月，志愿军后勤司令部直属部队发展到 18.2 万人，另配属公安第 18 师、6 个工兵团、11 个高炮营等部 4 万余人，共达 22 万多人。

1951 年 7 月底至 8 月底，朝鲜北部连降大雨，山洪暴发，其水势之猛、之急，持续时间之长，危害范围之广，为朝鲜近 40 年来所罕见。志愿军后勤的主要物资集散地三登附近更是一片汪洋，仓库、医院和高炮阵地被洪水淹没。清川江、大同江和沸流江上的主要铁路桥梁被冲毁达 94 座次，公路桥梁被冲毁的达 50%。整个铁路运输线被割成数段。

乘洪水泛滥之际，为获取在谈判桌上得不到的利益，美国人相继开始了"夏季攻势"和"秋季攻势"，并实施以分割志愿军前线与后方、切断志愿军运输线为目的的大规模空中封锁战役，即"绞杀战"。

【同期声】志愿军司令部作战参谋　赵南起

绞杀战的办法掐断交通运输线，掐断我们的后勤保证供应。白天就是他的天下。我们走路都不敢走。绞杀战之后呢（飞机）猛增到 1500 多架。

【同期声】志愿军副司令员　洪学智

主要关键的地方，白天黑夜的轰炸。晚上那个照明弹，都来回打

（在）空中。除了原子弹没扔，其他弹都用上了。

【解说】

面对美军的绞杀，彭德怀找到洪学智说："敌人要把战争转到我们后方了。这是一场破坏与反破坏，绞杀与反绞杀的残酷斗争。前方是我的，后方是你的。你一定要千方百计打赢这场战役。"

志愿军后方铁道部队、工程部队、运输部队、公安部队、高射炮兵部队、航空兵等诸兵种相互配合，"反绞杀"的后勤战就此打响。洪学智首先要做的，就是把不通的桥梁和能通的公路连接起来。

西清川江、东大同江和东沸流江桥被冲毁后，敌机白天黑夜不停地轰炸，加上地势险恶，桥梁短期内很难修复。志愿军就集中了 4 个大站和一千多辆汽车，采取倒运的办法，也叫"倒短"。在西清川江桥头倒运 600 多车皮的物资，在东大同江桥头倒运 1100 多车皮物资，在东沸流江桥头倒运 270 车废物资。这就是抗美援朝战争史上有名的"倒三江"。

【同期声】志愿军司令部作战参谋 赵南起

这半个月啊，给我们造成极大的困难，铁路几乎就瘫痪了。经过调查发现，尽管是铁路是断了，但是炸段的是几公里，北边通南边也通。紧急调动 5 个汽车团，4 个兵站，4 个装卸团到这个铁路中断地区。担负倒短儿任务。倒短儿的意思呢，就是铁路断的北段卸下来，装汽车，把它运到铁路通的南段，卸下来再装火车。

【解说】

由于前方战事紧急，仅靠后勤部队无法短时间内修复公路，洪学智与副司令员陈赓商讨，决定除一线部队外，二线 11 个军、9 个工兵团和志愿军后勤 3 个工程大队，以及所有的机关勤务人员全部投入抢修。数十万志愿军部队，冒着敌机的轰炸扫射，连续奋战 25 个昼夜，全部恢复了交通。

【同期声】志愿军副司令员　洪学智

我们像打仗一样，把这个公路分得一段一段，白夜干。原来我们计划说，40 天能够恢复，最后建成一个月就恢复了。这是一个强大组织工作。

【解说】

在单线通车的基础上，修路大军还新开辟了许多条迂回公路，使公路联结成网，形成了条条道路通前线。同时，拓宽狭窄路面，排除危险路段，疏通失修的水道涵洞，从根本上改变了公路运输不力的现状。

"绞杀战"中美军扬言要摧毁我"所有的公路交通"和"每条线路上的每辆卡车和每一座桥梁"。因此，志愿军后勤司令部要求各部队：对各种物资紧急隐蔽、疏散、伪装，设置各种假目标，以假隐真，迷惑敌人。

【同期声】志愿军司令部作战参谋　赵南起

修了 3000 多个汽车掩体。这样一弄，运输，运转过程中的损失减少了，不到 5%。凡是往前开的列车、重车嘛，白天在那儿洞上去待避啊，天黑了再开出去。

【解说】

志愿军后勤工作人员还对汽车车体进行严密的伪装,并进行普遍的建库工作,至 1951 年底,共建库区 98 处,可容纳五千多车皮的物资。针对敌人破坏"每一座桥梁"的计划,志后的指战员们也想出了妙计。

【同期声】志愿军副司令员　洪学智

我们采取了很多措施,我们修水下桥,水下桥,飞机看不到,但是我们汽车可以过。

【解说】

美军将当时世界上最先进的重磅炸弹、蝴蝶弹、四爪钉……等各种新式炸弹,一批批地投放在公路上,给"抢修、抢运"造成极大的困难。

【同期声】华北运输第 8 团 2 营卫生所助理军医　王同顺

三角钉,三个角抹茬都是空心的,你的汽车一开上去,总有一个尖给你扎破轮胎,就放气了。所以一定要有老百姓保护公路,一看到扔了那个以后,赶快扫掉,赶快除掉。

【同期声】第 67 军第 201 师第 603 团第 1 营副指导员　刘炳聪

定时的,飞机一走,然后就组织人拉,拴上绳子,有的是轻一点的,一个人能拉动一个人拉,一个人拉不动的两人拉,有的拉着拉着就响了。

【同期声】志愿军副司令员　洪学智(2000 年采访)

最后我们是欢迎他撂定时弹。为什么呢,研究它,在田间,我们就卸掉、卸开，把里头的炸药弄出来，我们挖坑道，那它帮了很大的忙。

【解说】

　　同时，在敌机活动频繁的主要运输线上，志愿军后勤司令部逐渐建立了许多防空哨。防空哨，在战斗中发挥了巨大的作用。汽车的损失由开始时的百分之四十，减少到百分之零点几。

【同期声】第 21 军后勤部医疗 3 所调剂员　方治

　　前沿一直到整个北朝鲜，每个山头都有我们的哨兵，拿着步枪，只要你飞机从敌占区一飞过来，只要你一起飞，我这边头一个哨兵就打枪，第二个哨兵接着。几分钟的时间，一直打到鸭绿江边，所有北朝鲜的汽车，我们解放军汽车，全部灭灯，他就找不到了。

【同期声】志愿军司令部作战参谋　赵南起

　　志愿军后勤有一个师，国内又调了一个师，两个师，搞防空哨。防空哨设置的距离，2500 多公里设了 1500 多哨所。

【同期声】公安第 18 师第 53 团政治处干事　刘兴业

　　有了防空哨兵以后，我们的物资就保证源源不断地运到前线。这个时候，我们的战士编了一个顺口溜：声声枪响传敌情，条条火龙顿时停，空中强盗看不见，运输铁路传输行。

【解说】

　　1951 年 12 月，为了加强前线抢修、运输，高炮部队的组织指挥，成立了中朝联合铁道运输司令部前方运输司令部，刘居英任司令员兼政治委员，统一指挥铁道兵团 4 个师另一个团、高炮部队 3 个师另 6 个团、铁路工人万余人。铁路抢修部队确立了先通后固、先易后难、确保重点的原则，顶洪水冒轰炸，日夜抢修铁路桥梁。对于修复困难的桥梁采取修迂回桥、简便桥的办法。

【同期声】铁道兵第 1 师第 1 团 3 连副指导员　孟宪清

就是汽油桶搭成便桥，人在上面通过，材料能运过去，这样才把三号墩加固起来，架上了工字梁。那么这个时候他的载重率，火车头不能过，火车头太重了，上去就把桥压跨了。对方的火车头，不上桥，只能车皮过桥。

【解说】

战士们把这种方法称之为"顶牛过江"。在修复清川江大桥的过程中，战士们又用木板垫浮桥，枕木排浮桥、油桶架浮桥等各种方法进行实验，在连续奋战了 30 余昼夜后，最终创造出了修桥历史上前所未有的钢轨架浮桥法，并先后搭设浮桥十二次，克服了罕见洪水。

【同期声】志愿军司令部作战参谋　赵南起

今天炸了修完了又炸，炸完了又修，这是 2200 多座桥，光修桥这个公里是多少呢，120 公里。不容易啊，没天桥铁路能通嘛，通不了。所以铁道兵啊，立了汗马功劳。

【解说】

敌人企图封锁、破坏我军交通运输目的没有得逞后，1951 年 9 月改变了策略，开始集中力量重点轰炸新安州、西浦、价川铁路的"三角地区"。"三角地区",是整个朝鲜北方铁路和公路运输的枢纽和咽喉。如这一地区遭到轰炸,南北东西铁路运输同时瘫痪。

【同期声】志愿军司令部作战参谋　赵南起

9 到 12 月,美军飞机投弹三万八千多枚炸弹啊。什么概念呢,70 多公里这一段啊,不到两公尺来一个炸弹,几乎就炸平了。这个时期啊,9 月份通车只有 9 天。

【解说】

9 月 7 日,彭德怀在给聂荣臻的电报中说:"早晚秋风袭人,战士单着,近旬病员大增,洪水冲,敌机炸,桥段路崩,存物已空,粮食感困难,冬衣如何适时运到,在在逼人……"接到彭德怀的电报后,中央军委为解决运输问题作出重要决策,并派军委运输司令员吕正操到沈阳专门主持召开运输会议,具体研究解决战场运输问题措施。

同时,彭德怀发出命令:"后方机关及无战斗任务的部队,应集中一切力量运棉衣,求得 9 月底 10 月初发齐。"志愿军后勤组织二线部队和畜力运输工具,到清川江及以北地区抢运部队过冬服装。至 9 月底,志愿军指战员全部穿上了棉衣。当身着崭新棉军装的志愿军战士出现在谈判地点板门店时,敌人的停战谈判代表都惊呆了,因为志愿军竟比"联合国军"提前穿上了新冬装。其陆军对他们的空军说:"你们的阻隔战术失败了。"

此后,不甘心失败的敌人对"三角地带"的轰炸更加疯狂,志愿军抢修部队则确定了"集中兵力,打通咽喉地带"的方针,夜以继日地集中兵力抓紧抢修"三角地带"的铁路。在抢修中,他们利用枕木排架代替泥土填补弹坑,分成昼夜两班,轮流替换,24 小时从不间断。

【同期声】志愿军司令部作战参谋　赵南起

抢修，你看 4 个师 6 万多人，那线路长啊。就这 70 多公里地方，搞了一万多人。

【解说】

经过 1 个多月的艰苦奋斗，志愿军抢修部队再度打开了"三角地区"的封锁。美军无可奈何地承认："对铁路实行'绞杀作战'的效果是令人失望的。""凡是炸断了的铁路，很少是在 24 小时内未能修复的。"

1951 年 10 月，在平壤以北三角地区铁路十几公里的路段上，铁道兵们冒着生命危险排除定时炸弹 108 枚，涌现了许多排弹能手。

【同期声】铁道兵第 1 师第 1 团 3 连副指导员　孟宪清

我们这个小组的任务呢，就是看着飞机投炸弹，数数啊，一共投了多少颗炸弹，你听着爆炸的多少，有多少炸弹已经爆炸了，没爆炸的就是定时弹，你得找啊。找到以后呢，告诉排弹组，把那个定时弹拿走。

【解说】

铁道兵第 1 师一个连，在抢修百岭川大桥时，76 个昼夜里承受了敌机 26 次大轰炸，全连伤亡 99 人，剩下 40 人仍坚持按时完成了任务，特等功臣郭金升一人惊人地成功拆卸定时炸弹达 603 枚。

在铁路运输方面，由于敌机轰炸我铁路多在夜间 22 点 –24 点进行。战士们便抓住 22 点之前的空隙时间，大胆突运，赢得了行车时间。

铁路运输部门还发明了"片面续行法"，又称"赶羊过路"，即所有列车都向同一方向单方面发车，每列车的间隔只有 5 分钟。

【同期声】志愿军司令部作战参谋　赵南起

本来一列一列通过嘛，这个时候那么发车的话就不行了。三个列车四个列车并到一块，一起过。这样几个小时的运量超过过去几天的运量。

【解说】

1951底，李奇微承认空中封锁战役"没有能够阻止住敌人运输其进行阵地防御所需的补给品"。但他同时认为如果中止空中封锁，志愿军将在短时间内聚集物资，从而发动一次大规模的攻势。1951年12月下旬，李奇微决定，对我进行更大规模"绞杀战"。但战略重点从轰炸铁路"三角地区"，转为重点轰炸我集结作战物资的地点、来路和去路，即铁路的两头。

敌变我亦变，机智的铁道兵部队官兵们想了许多办法，在斗争中加强保障，在保障中坚持斗争，不断地改进对付敌机轰炸的对策。道路抢修部队修筑了许多大迂回线、便线和便桥；利用阴、雨、雾、雪天和月亏期集中突运；后勤装卸部队与铁路运输部门密切配合，创造了"游击车站"和站外"分散甩车、多点装卸"的方法。

在10个月的反"绞杀战"中，志愿军后勤指战员们形成了以兵战为中心、铁路与公路相结合、前后贯通、纵横交错的兵站运输网和"钢铁运输线"，创造了中国人民解放军现代化后勤的诸多先例。战后，苏联专门派专家来华学习铁道兵的经验，洋专家们对志愿军的聪明才智赞不绝口。

落日余晖中的清川江静静流淌，横跨之上的清川江大桥显得格外的宁静与安详，六十多年前，为了保护这座大桥，许多志愿军战士都牺牲在了这里，其中，就有"朝鲜民主主义人民共和国英雄"、特等功臣，杨连第。

1949 年，杨连第成为了东北人民解放军铁道纵队第一支队的一名随军职工。同年 6 月，在修复陇海线 8 号大桥时，杨连第自告奋勇，用简陋的工具攀上了 40 余米高的桥墩，为修复大桥做出突出贡献，成为著名的"登高英雄"。朝鲜战争爆发后，本可以选择留在国内的杨连第毅然地跟随部队来到前线。

【同期声】铁道兵第 1 师第 1 团 3 连副指导员　孟宪清

大同江的时候，为了取十几棵枕木，他从一根单钢轨，就这么宽的钢轨，从单钢轨爬十几米的坡度，跑到上面去，取那十几棵枕木，这是什么精神。杨连第能开动脑筋想办法解决工作困难。

【解说】

1951 年 9 月，杨连第作为志愿军战斗英雄回国参加国庆观礼，在随后的半年时间里，他被安排到全国各地进行演讲汇报，1952 年 5 月，杨连第来到了老家天津北仓演讲，年仅八岁的杨长林最后一次见到父亲。

【同期声】杨连第长子　杨长林

报告做完了，一个团长就说，你看这是谁呀，他说爸妈，他就没说我。当时我就不理解，现在我就理解了，他脑袋瓜子里全是国家，全是党，全是工作，他就没考虑他自己。现在我感到有这么一个爸爸，感到很骄傲，他的高贵，就高贵在这个地方了。

【解说】

得到特批的杨连第只在家住了一个晚上，就再次奔赴朝鲜战场。1952 年 5 月 15 日下午，杨连第在会议休息的间隙，独自来到清川江大桥检查工作，此时，一枚敌军投下的定时炸弹突然爆炸，一颗弹片击中了他的头部，杨连第当场牺牲，时年 33 岁。

【同期声】铁道兵第 1 师第 1 团政治处宣传干事　牛长夫

杨连第牺牲，对铁道兵来说，这是巨大的损失。杨连第这个人太好了，是工人阶级里面的优秀代表。

【解说】

杨连第是志愿军 12 位朝鲜民主主义人民共和国英雄和中国人民志愿军 50 位一级英雄中唯一的铁道兵。在沈阳抗美援朝烈士陵园中，杨连第的墓碑与黄继光、邱少云、杨根思、孙占元的墓碑并列第一排。

在志愿军公路系统和铁路系统粉碎敌"绞杀战"的功劳簿上，志愿军高炮部队和志愿军空军也有着不可磨灭的功绩。

美军实施大规模"绞杀战"时，志愿军高炮部队的高炮数量，还不及美军用于朝鲜战争飞机数目的一半。1951 年 9 月底，志愿军总部根据中央军委的指示，将朝鲜北方铁路划分为 4 个防空区，指定 1 个团又 12 个营的高炮部队，分区担任对空作战，掩护铁路运输。

【同期声】志愿军司令部作战参谋　赵南起

志愿军的高炮 80% 集中维护交通干线，特别是铁路干线。9 月到 12 月，一共打掉 105 架飞机。高炮的作用就不光是打掉飞机。高炮打了以后，对它造成威胁啊，原来低空飞成高空啦。原来投弹的时候减速，它也不减速了。

【同期声】高炮第 522 团政治处干事　何祖文

飞机冲着你打，你打我，我打你。所以我们领导就讲了，我要比他们厉害，我们不能停，我们比你厉害，我就把你打下来。那美国鬼子他又怕死，我们火力猛的时候，他有时候他炸弹不丢到目标去，在外头把它丢了，丢了他就跑掉了，回去就交任务去了，所以我们的体会就是，我们一定要比他厉害，比他凶，才能把他打回去。

【解说】

1951 年 11 月，根据中朝联合铁道运输司令部的建议，中央军委和志愿军总部将掩护机场修建的 3 个高炮师和 1 个城防团，全部抽调集中用于掩护铁路运输，并组成了铁道兵高射炮指挥所，统一指挥掩护铁路运输的高炮部队作战。这些高射炮部队采取"集中兵力、重点保卫"的方针，将百分之七十的兵力部署在"三角地带"的铁路沿线，打击敌机，仅 12 月就击落敌机 38 架、击伤 68 架。

敌人改变对"三角地带"的轰炸战术后，高炮部队根据敌人活动规律的变化，又转变为"重点保卫、机动作战"的方针，各高炮部队相继派出部分高炮分队，实施机动作战，主动出击、设伏，打击敌机。

【同期声】第 39 军第 115 师作战科副科长　沈穆

这个营从 1951 年 6 月初进入了阳德地区，因为这个阳德地区是朝鲜北部铁路的交通枢纽，从国内用火车向前运输，都要进入那里。所以，敌人就严密地用空军封锁阳德地区的交通枢纽。

【同期声】第 39 军炮兵营营长　陈文义

六个晚上，打了七架；不到两个月，打了 38 架飞机，白天 31(架，晚上打了 7 架。

【同期声】第 39 军第 115 师作战科副科长　沈穆

　　敌人的飞机就不敢来了，我们打下来敌人的飞行员的航空地图上发现，他把阳德地区圈个红圈，说明啊，这是一个飞机禁区，他不来了。飞机来回经过阳德地区，它绕圈走。

【解说】

　　1952 年 1 月至 6 月间，志愿军高炮部队共击落敌机 198 架，击伤 779 架，其中，最精彩的一次高炮伏击战是在楠亭里。1952 年初夏，志愿军高炮第 62 师 24 营奉命秘密转移至楠亭里设伏。与苏联航空兵协同作战，一举击落 3 架美 B-29 轰炸机。

【同期声】高炮第 62 师第 604 团政委　范振声

　　那一次打得最好，那一天晚上就打落了三架敌人的 B29，那是开创了抗美援朝整个战争史，这一次打的最多。

【解说】

　　整个反"绞杀战"斗争中，志愿军高炮部队共击落敌机 260 余架，击伤 1070 余架。

　　志愿军空军从 1951 年 9 月中旬起，在以刘震为司令员的空军司令部指挥下，以师为单位轮番出动作战，与苏联空军在平壤以北地区上空，掩护铁路运输和机场修建。志愿军空军的积极参战，很快迫使敌战斗轰炸机的活动空域撤到了清川江以南，并使敌轰炸机转入夜间活动，大大减弱了敌空军优势。为粉碎美国空军"绞杀战"，志愿军空军参战飞行员 447 名，其中有空勤组 28 个。战斗出动 680 批，空战 85 批 1602 次，击落美机 123 架，击伤 43 架。志愿军空军经受了锻炼和考验，并涌现出一批英勇的空战英雄。

从 1951 年 7 月到 1952 年 6 月，敌人实施了近 1 年的"绞杀战"，终于以失败而告终。经过国内和志愿军在战场上的共同努力，志愿军建成了以铁路运输和公路运输相结合，以抢修、抢运和防空斗争相结合，从后方基地到第一线各军的前后贯通、纵横交错的交通运输网络，形成了"打不烂、炸不断的钢铁运输线"，从而改变了战场上运输一直被动的局面，解决了"后勤"这一重大战略问题。

【同期声】志愿军司令部作战参谋　赵南起

跟美国的较量中取胜了，这应该说是很了不起的事情。中国和美国较量应该说是一个不对称的战争。不是一般的不对称，相当不对称。经济力量上，我们跟美国不能比。我们当时的国力或是经济力量是美国的零头还不够。

【解说】

1952 年 5 月 31 日，美国第 8 集团军司令范弗里特在汉城记者招待会上说："虽然联军的空军和海军尽了一切力量，企图阻断共产党的供应，然而共产党仍然以令人难以置信的顽强毅力，把物资运到前线，创造了惊人的奇迹。"美远东空军在对"绞杀战"所做的最后分析中承认："由于共军后勤系统的灵活……绞杀作战未获成就"。

通过志愿军后勤的艰苦努力，使后勤保障得到了很大改善，以 1953 年夏季的金城战役为例，13 天的弹药消耗量就相当于运动战时期 17 个月的弹药消耗量！而这一阶段美军飞机日平均出动达 2600 架次，是整个战争期间的最高峰。志愿军参战部队 10 个军约 53 万人，各种物资均能顺利保障，各军都有 8 个月粮食的储存。

战后，彭德怀曾多次表示："抗美援朝的胜利，有赖于两个人，前方是洪学智，后方是高岗。现代战争，打的就是后勤。抗美援朝战争的胜利，百分之六十至七十应归功于后勤。"抗美援朝期间后勤部队从国内运到战场的物资为560万吨。志愿军工兵部队在"一切为了前线、一切为了胜利"的思想指导下，共修复铁路路基640公里，修复桥梁2294座次，加宽公路8100多公里，新修公路2510公里。建造仓库、医院病房、营房等5.4万余座。志愿军后方部队作出的重大贡献，同前线将士取得的光辉战绩一样，将永载史册。

第九集　鏖战上甘岭

导语

1986 年 8 月，时任北京军区司令员的秦基伟，作为军官休假团的成员出访朝鲜。

秦基伟夫人　唐贤美（84 岁）：因为是休假式的访问，所以那次我也去了。去以前，双方在协议访问日程的时候，老秦就提出来，说希望到朝鲜以后，能够到上甘岭地区再去看一看，我们到平壤以后第三天，就坐直升飞机先到金化，然后从金化转乘汽车，到了五圣山前沿的一个高地。

时任第 15 军战场报记者　李天恩（84 岁）：秦军长他讲，我重访五圣山。我一个重要的心愿来讲，我要到这看看长眠异国他乡的这些老战友。

秦基伟夫人　唐贤美（84 岁）：老秦通过望远镜，往那两块高地看了很久。因为当年在那两块高地，确实战争非常惨烈。另外在我们所在的高地上，还保留有当年我们志愿军修的坑道，老秦也到坑道里面去，仔细地看了。

30 多年后，重返上甘岭，秦基伟表情严肃、很少与人交谈。他"一生中最残酷的战役"就发生在这里，故地重访，此刻的他必然思绪万千。在"英雄黄继光牺牲处"的石碑前，秦基伟深深地鞠躬行礼。然后，又面对东边再次行礼，向长眠在这里的战友们表示哀悼和敬意！

【解说】

　　五圣山，位于朝鲜中部，平康东南约 19 公里，金化以北约 5 公里处，海拔 1061.7 米，南面山脚下，有五个高地犹如张开的五指。上甘岭，是五圣山南麓一个只有十余户人家的小村庄。在上甘岭以南有两个小山头，右边是 597.9 高地，左边是 537.7 高地北山，属于五个高地中的拇指和食指。两个山头加起来只有 3.7 平方公里，但却是五圣山的命脉，而倘若五圣山失守，将危及志愿军和人民军的中部战线。（三维地图）1952 年 4 月，第 15 军军长秦基伟奉命率部接防五圣山阵地。因病即将回国治疗的彭德怀，指着地图对秦基伟叮嘱道："五圣山是朝鲜中线的门户。失掉五圣山，我们将后退 200 公里无险可守。"

【同期声】时任第 15 军第 44 师师长　向守志（96 岁）

　　金化郡，这个东北就是铁原，中间横贯一条公路。所以这条通道，连接着两个县，两个郡，是美国一个很重要的一条交通要道，那么上甘岭正好在这条道路的中间，对这条道路的威胁很大，所以美国就下决心要把这个钉子，想把它拔掉。

【同期声】时为第 15 军文工团团员　王精忠（80 岁）

　　彭老总讲了，丢了是要对历史负责任的，秦基伟他说好，我跟全军讲清楚，全军像我们 15 军这样的部队多的是，咱们守五圣山、西方山，打光了都可以。

【同期声】时任第 15 军第 45 师第 135 团 3 连 2 排 5 班战士　邓彰德（79 岁）

如果上甘岭我们失守，这个守不住，那整个朝鲜的战争都起变化了。

【解说】

1952 年以来，"联合国军"地面部队在朝鲜战场上已处于越来越不利的地位，停战谈判也在战俘问题上因美方顽固坚持企图强迫扣留战俘的所谓"自愿遣返"原则而陷入僵局。10 月，朝鲜停战谈判由于美方单方面休会而中断。美方首席谈判代表哈里逊叫喊着："让枪炮来说话吧！"妄图从战场上获取谈判桌上的有利地位。为改善其在金化地区的防御态势，1952 年以来规模最大的一次军事攻势开始了，美国人称为"金化攻势"。秦基伟后来回忆说："敌人用这么多的兵力攻击上甘岭，在事前没有估计到。我们准备应付敌人 3 至 4 个师的进攻，是在西方山方向。"

1952 年 10 月 14 日凌晨 3 时 30 分，由第 8 集团军司令官范佛里特指挥的"联合国军"部队，以 320 门大口径火炮、47 辆坦克、50 余架飞机对第 15 军 30 公里防御正面开始火力准备，对上甘岭 597.9 高地和 537.7 高地北山展开轰击。

【同期声】时为第 15 军后勤部文化干事　胡复生（82 岁）

炮弹密度很大，平均每秒钟要打 6 发炮弹，那么小山头上，炮弹一个接着一个，土全部打松。

【同期声】时为第 15 军第 45 师第 135 团高射炮机枪连 3 排 9 班战士　贾汝功
（77 岁）

在坑道里面是个什么样的感受，坑道里面就像坐在鼓里面的那样子，上面好像是不断地雷击，打雷一样地击在表面上，那声音是既沉又稳地。我们有的个别战友，趴在那个地下，胸口贴地啊，肺腑震烂了。有的战友把口闭得很紧，由于这个内外的压强大了，震得七窍流血。

【同期声】时为第 15 军第 45 师第 135 团炮营八二迫击炮连 1 班战士　唐章洪
（78 岁）

当时呢，什么信息也得不到。当然我们心中也没数，敌人进攻。我们也不能坐等，我们既然不了解情况，按我们所侦查的这个进攻路线进行拦阻射击。

【解说】

炮火的密集和猛烈是空前的，坑道中的部队无法与指挥所取得联系，步话机的天线刚刚架起，就被炸断，电话线更是被炮火炸成几段。第 15 军第 45 师第 135 团 1 营营部电话班副班长牛保才冒着铺天盖地的炮火前去查线。

【同期声】时任第 15 军第 45 师宣传科副科长　李明天（84 岁）

自己负伤，腿打断，最后那个电线接不通。

【同期声】时为第 15 军战场报记者　李天恩（84 岁）

就差一米多长，怎么办？为了保证指挥所和前沿的通话，他自己把电线的胶皮这边扣断，一端拴到自己的手上，一端含到自己嘴巴里头，用自己的生命接通了电话线。

【解说】

牛保才用生命换来了三分钟的通话时间，营指挥所就在这宝贵的时间向坑道部队下达了作战命令。战后，牛保才被授予二级战斗英雄，追记特等功。

上甘岭以北 20 多公里的道德洞，是第 15 军军部所在地，1952 年10 月 14 日 天，军部只看到"联合国军"对五圣山前沿数个阵地发起了炮击，具体情况一无所知。秦基伟命令五圣山侧翼的观察所每半小时报告一次。

【同期声】时为第 15 军第 45 师第 135 团高射炮机枪连 3 排 9 班战士　贾汝功
　　　　　（77 岁）

我们那个弹药箱和喝水的茶盅，震得掉到地上，茶盅跳得高，那个弹药箱里面装的弹药还震起来，我们注视着敌人火力的状况，随时准备出击。

【解说】

坚守在 597.9 高地和 537.7 高地北山的志愿军第 45 师第 135 团 9连和 1 连在缺乏炮兵支援的情况下，依托以坑道为骨干的阵地工事顽强抗击，战斗异常激烈。

"联合国军"在进攻多次受挫后，又集中 4 个营的兵力，在 10 余辆坦克的配合下，由东、南两面夹击 597.9 高地主峰阵地。

【同期声】时任第 15 军后勤部文化干事　胡复生（82 岁）

打了一整天，两个连队基本上打完了。597.9 九连，他一共是 12 个阵地，丢了三个。

【解说】

坚守 537.7 高地北山的第 45 师第 135 团一连与南朝鲜军 2 个营激战，战斗之顽强被南朝鲜军战史称史无前例。南朝鲜军地面部队攻击连被击退，只得要求美国空军火力支援，美军出动了 20 余架 B—26 轰炸机投掷凝固汽油弹，阵地顿时成为一片火海。为掩护三名战友进入坑道，孙子明怀抱三颗手榴弹扑向敌人，与敌同归于尽。孙子明是上甘岭战役中与敌人同归于尽的 38 个勇士中的第一人！经过 7 个多小时的激战，到 12 时许，南朝鲜军攻上了主阵地。至下午 2 时，1 连仅存 20 余人，退守坑道。

【同期声】时为第 15 军第 45 师第 135 团高射炮机枪连 3 排 9 班战士　贾汝功（77 岁）

两个连打了 40 万发子弹，一个多月的弹药，那一天就打光了。80% 的枪支打烂了。重伤员，他们不顾自己的生命危险帮着压子弹，这才跟得上战斗的紧张激烈，在 597.9（高地）敌人进攻了 38 次，被我们打下去了。在 537.7 高地北山 40 次进攻，被我们打下去了。537.7 高地北山 500 具尸体摆在那里，597.9 高地 800 具尸体摆在那里。由于我们的弹药没有了，我们再退守坑道。

【同期声】时任第 15 军后勤部文化干事　胡复生（82 岁）

537.7 高地北山是一连，九个阵地丢了八个，那个阵地就是一片火海。

【解说】

　　第 45 师师长崔建功立即命令第 135 团团长张信元连夜组织反击，夺回阵地。孙占元是第 135 团 7 连的排长，在反击 597.9 高地 2 号阵地的战斗中率全排担任突击作战任务。

【同期声】时为第 15 军战场报记者　李天恩（84 岁）

　　敌人炮火把他的腿打断的情况下，他仍不下火线，他自己端着机枪来掩护战士易才学继续战斗，最后他自己不能战斗、不能爬动的情况，看到山下一群敌人，他就抱着手雷，滚到敌人的敌群里头，和敌人同归于尽了。

【解说】

　　战后，孙占元被评为一级英雄，并获朝鲜民主主义人民共和国英雄称号。

　　10 月 14 日夜，志愿军在坚守坑道作战部队的有力配合下，两个高地失而复得。第一天，上甘岭就打出了 7 位战斗英雄。

【同期声】时为第 15 军第 45 师第 135 团高射炮机枪连 3 排 9 班战士　贾汝功
　　　　　（77 岁）

　　当天晚上，我们一营的二、三连反击 537.7（高地北山），我们七连呢就反击 597.9（高地）。当天晚上很惨烈，真的很惨烈。

【同期声】时任第 15 军第 45 师第 135 团通信参谋　贾福林（80 岁）

　　半个月送的弹药，第一天就打完了。十九万七千发子弹没有了。一万枚手榴弹没有了。270 节爆破筒没有了。三百枚手雷没有了。山炮还剩三发炮弹，请示团长打不打。打。

【解说】

　　在随后的 3 天，"联合国军"以 2 个团又 4 个营的兵力，在大量炮火支援下，对 597.9 高地和 537.7 高地北山两个阵地轮番进攻。秦基伟当即决定改变部署，令军、师各单位组织火炮向上甘岭机动。几天内，双方反复争夺，阵地几度易手。到 10 月 18 日，两高地的全部表面阵地都被"联合国军"占领，志愿军防守部队全部退守坑道。

　　1952 年 10 月 19 日，第 15 军集中 44 门重炮和 1 个喀秋莎火箭炮团的兵力，掩护第 134 团 6 连，第 45 师侦察连，工兵连 1 个排反击 537.7 高地北山。炮火射击刚一延伸，步兵随即开始反击，全歼美军 5 个连。537.7 高地北山地形易攻难守，反击的 3 个连势如破竹，仅 20 分钟就夺回了全部阵地，打垮了南朝鲜军第 32 团第 1、2 营的防御。

　　597.9 高地 8 连在夺下 3 号主峰阵地后继续推进，在攻击 9 号阵地时被美军主地堡密集火力阻拦，年仅 19 岁的苗族战士龙世昌带着爆破筒冲了上去。

【同期声】时为第 15 军战场报记者　李天恩（84 岁）

　　他拿着爆破筒去爆破敌人去了，可是他那个爆破筒塞到敌人火力点里头，敌人把它推出来，塞进去，又推出来。他干脆拉好栓用胸膛堵进去了，地堡也爆炸，他自己和敌人同归于尽了。

【解说】

　　另一个方向反击是第 135 团 6 连，经过大半夜的血战，他们连续攻占了 6 号和 5 号阵地。2 营代理参谋长张广生率领 5 连 2 排赶来作为第二梯队，继续攻击，并夺回4号阵地。当攻至0号阵地时，一个加强连又只剩下16人了。第45师师长崔建功下令："不惜一切代价拿下0号阵地！"

张广生和6连连长万福来带领3个小组，实施连续攻击，但3个小组很快伤亡殆尽。就在这时，跟随营参谋长张广生到达阵地的通信员站了出来，请求担负爆破任务，他的名字叫作黄继光。

黄继光当即被任命为第6班班长，6连另两名通信员吴三羊、肖登良与黄继光组成了爆破组。

【同期声】时为第15军第45师第135团3连2排5班战士　邓彰德（79岁）

吴三羊牺牲了，黄继光就说，肖登良你给我掩护，我往上冲。肖登良就掩护他，去炸那个碉堡。黄继光已经负了好几次伤了，确实有坚强意志，就往上冲，冲到哪后，看他手榴弹也摔不进去了，负了伤也没有劲儿了，再看武器也没有了。

【同期声】时任第15军干部处处长　牛亮天（92岁）

他是用胸脯堵住枪眼以后，下头赶紧运动，这样子把它这个炮楼搞掉。

【解说】

6连连长万福来喊着"为黄继光报仇"的口号，带领后续部队占领了0号阵地。

【同期声】时为第15军第45师第135团3连2排5班战士　邓彰德（79岁）
一瞬间，20多秒钟，部队就哗往上上。当时，敌人甩下机枪就跑了。

【解说】

直到上甘岭战役结束，这个阵地再也没有被敌人占领过。当晚，全部恢复了 597.9 高地和 537.7 高地北山两个阵地的表面阵地。10 月 20 日，"联合国军"在 30 余架飞机和强大炮火支援下，以美军和南朝鲜军各一个营的兵力实施反扑，激战一日，志愿军因伤亡过大，弹药消耗殆尽，除继续控制 597．9 高地西北山腿 4、5、6 号阵地外，其余表面阵地先后被"联合国军"夺去，两个高地的志愿军部队全部转入坑道坚守。

从 14 日至 20 日，敌我双方在 3.7 平方公里的两个高地上，进行了 7 昼夜的争夺，战斗异常惨烈。第 45 师共歼敌 7000 余人，自身也伤亡 3200 余人，参战连队大部分伤亡过半，有的连队只剩下了几个人。

【同期声】时为第 15 军第 45 师第 135 团 3 连 2 排 5 班战士　邓彰德（79 岁）

将近一百公尺这么远的距离，工事阵地很大，三四百米宽的一个阵地，那我们只有五个人。坚决守住阵地，只要人在阵地在，为我们牺牲的烈士报仇，坚持打了五次。弹药打光了，我们本来武器是手榴弹，我们都是转盘冲锋枪，得有将近 200 发子弹，打的不行，子弹也少，最后就是打单发，一发是一发地打，十几公尺、几公尺敌人的尸体，我们就冒着生命的危险，去捡敌人的武器。

【同期声】时任第 15 军炮兵主任　靳钟（2012 年采访）

秦基伟打电话问崔建功你们顶住顶不住，行不行，不行的话让向守志 44 师上去。崔建功说我不要，我 45 师顶到底，同美国人拼了。我 45 师全师打剩下一个连，我当连长，剩下一个班，我当班长。

【解说】

7个昼夜，秦基伟守在电话机旁，没有睡过一分钟。第45师师长崔建功7天7夜没离开过作战室，出了坑道差点晕厥过去。秦基伟曾形象地比喻："这7天，敌我双方经过长时间准备，都憋足了劲，好比下象棋一样，出手就是当头炮。"

【同期声】时为第15军第29师第86团9连9班战士　林炳远（81岁）

白天敌人占领阵地，晚上我们占领阵地，白天他又占领，我们晚上又反击，我们的目的就是白天人家敌人飞机大炮，我们待不住的阵地上，我们就主动撤回坑道，主动撤回。美国鬼子他怕夜战，我们晚上出去用我军的长处，打击敌人的短处，晚上我们又冲上去把敌人消灭了，天一亮我们又撤回坑道。

【解说】

10月21日，志愿军代理司令员邓华给秦基伟打电话征询他的意见，秦基伟汇报了新的作战方案："坚守坑道、减少伤亡、保存力量，长期作战，不断实施小中规模反击，大量杀伤敌人"。邓华完全赞成秦基伟的意见。志愿军从与敌军争夺表面阵地战转入到残酷的坑道战。

坑道战，依托坑道工事进行坚守防御的作战方法。劣势装备的军队进行山地防御作战的一种有效手段。目的是保存兵力，杀伤、消耗、钳制敌人，稳定防御态势。

【同期声】时为第15军战场报记者　李天恩（84岁）

转入坑道斗争可以说是非常艰苦的，艰苦到什么程度？人们经常说人的生存条件是：空气、阳光、水。坑道里这三条都缺少。

【同期声】第 15 军第 45 师第 135 团 3 连 2 排 5 班战士　邓彰德（79 岁）

负了伤的好多战士，坚持不了就牺牲了。一个是没有药，一个是负了重伤，没办法急救。

【解说】

鉴于第 45 师严重减员，第 15 军决定以第 29 师接替第 45 师除 597.9 高地和 537.7 高地北山以外的全部防务，而集中第 45 师"全力执行反击作战，直到全部恢复原有阵地为止。"从军直属单位抽调 400 人补充第 45 师。秦基伟的警卫员王六主动请缨，要求参战。

【同期声】时为第 15 军战场报记者　李天恩（84 岁）

秦军长说我没有什么东西带给坑道的同志，你把这个苹果带去，表示我对战士的一番心意。王六到前线坑道去了，都编到 134 团 8 连那个里头去了，最后牺牲了。

【同期声】时任第 15 军后勤部文化干事　胡复生（82 岁）

军机关也好，师机关也好，包括军机关的警卫员，警卫连，后边的人又抽了两千多人，还有其他的部队，补充的一些新兵，又充实了 13 个连队，又再打，后来这 13 个连队也基本上没有了。

【解说】

范佛里特将受到重创的美第 7 师撤下战场，进攻 597.9 高地由南朝鲜军第 2 师接替。南朝鲜军第 2 师用迫击炮吊射坑道口，通过烟熏火烧、施放毒气，试图将志愿军封锁在坑道内。

美军、南朝鲜军对坑道部队与后方的交通线实行严密炮火封锁，致使坑道部队粮尽水绝。在通往上甘岭两个高地的山路上，洒满了火线运输员的鲜血，大量的物资损失在路上，送进坑道的微乎其微。

【同期声】第 15 军第 45 师第 135 团 3 连 2 排 5 班战士　邓彰德（79 岁）

守坑道，也没有吃的，也没有水，吃的就是干馒头，那个压缩饼干，啃不动，那时候啃不动，最后达到什么程度啊？说老实话不好听的话，确实经过我们首长动员，谁有尿都不能浪费，把尿也要接起来。

【同期声】时任第 15 军第 45 师第 135 团通信参谋　贾福林（80 岁）

7 连连长张计发他说，同志们，为了生存，为了生命，胜利，请大家把它喝下去。这是电影上演的。

【同期声】时任第 15 军第 45 师第 135 团 7 连连长　张计发（87 岁）

非常的感人，要说起这事来，我都光想掉眼泪，那真是我们那些同志们可爱啊，真是除了胜利，除了战友，没有别的事，不想自己。坑道里喝小便，没有水，只要有一点，有水分的东西，那生怕自己喝多了，怕自己喝了。

【解说】

坚守坑道至 10 月 28 日夜，运输连指导员宋德兴和两个火线运输员才冲过了炮火封锁，将三袋萝卜和一些慰问品送进了一号坑道，那个夜晚简直就是 8 连最盛大的节日。但吃萝卜容易上火，后经坑道部队建议改送苹果。

【同期声】时任第 15 军第 45 师宣传科副科长　李明天（82 岁）

给坑道里送东西，最少要牺牲 1/2，就是有一半同志在路上会牺牲。

【同期声】时任第 15 军后勤部文化干事　胡复生（82 岁）

就这样子也要下决心往里面送。坑道里面的同志比我们后面的，比我们更艰苦。

【解说】

第 15 军政治部下令："谁能送进坑道一个苹果，就给谁立二等功！"电影《上甘岭》中"一只苹果"的故事是坑道生活的真实写照。后来还被写进了中国的小学课本，成为教育一代又一代人的真实教材。

【同期声】时任第 15 军战场报记者　李天恩（84 岁）

刘明生他在往前边送弹药的途中捡到一个苹果。那时候，能捡到一个苹果像捡到仙果一样。他自己舍不得吃，他拿到坑道里头，交给 7 连连长张际发，7 连连长看到这个苹果也舍不得吃。

【同期声】时任第 15 军第 45 师第 135 团 7 连连长　张计发（87 岁）

那步行机员全凭嘴巴说话，对上级报告情况传达上级指示。经常因为口干说不出来话，急得满头转，急得自己打自己的嘴，一直把自己的嘴巴打破，有一点血出来湿湿舌头，才报告了情况。我实在是觉得这些同志们太难了，把这个苹果，你们两个人吃，把它湿湿口。

【同期声】时任第 15 军第 45 师第 135 团通信参谋　贾福林（80 岁）

无线电员他拿到苹果以后，他说，我不辛苦，负伤的同志最辛苦。他们为了战争的胜利，负了伤。重伤让轻伤，轻伤让重伤。重伤伤员说，同志们，我们负了重伤，不能再继续战斗了，请把这个苹果，送给继续战斗的同志们吃吧。

【同期声】时任第 15 军 45 师 135 团 7 连连长　张计发（87 岁）

我就给同志们讲，我说同志们，咱们从昨天晚上打上阵地呢，到现在敌人几十次的冲锋，都被我们打下去了。我们现在这么多人，连一个苹果都消灭不掉，大家都得吃，我在那吃了一小口，吃了一小口呢，传下去，大家谁也舍不得多吃一点，我们八个人，整整的转了三圈，才把这么大的苹果吃完。

【同期声】时任第 15 军第 45 师第 135 团通信参谋　贾福林（80 岁）

啥精神，团结友爱的精神。团结才有力量。如果是志愿军没有团结，你战胜不了敌人。

【解说】

在坑道中，还有许多伤员无法及时转运到后方，年仅 17 岁的小护士王清珍，悉心照顾着负伤的战友们。秦基伟在回忆录中写道："有一个女战士，使我印象至深，她在五圣山后面的坑道病房护理 20 多个重伤员……情操之高尚，令人肃然起敬"。

1951 年初，年仅 15 岁的王清珍入朝参战。上甘岭战役打响后，王清珍所在的收容所每天接收从前线下来的一百多伤员，她每天给伤病员清理伤口、包扎、喂饭、换药，清洗绷带。还要背伤员出洞大小便。重伤员不能吃饭，王清珍便将饭先含在自己的嘴里嚼烂，然后一口一口地喂到战友口里。药片咬碎，口对口的喂药。有一位排长因腹部重伤，伤势危急。

【同期声】时为第 15 军第 45 师野战医院卫生员　王清珍（77 岁）

下来一个腹部受伤的排长，不能动，解小手，我说我帮你解吧，他不好意思，我说就我一个女同志，其他人都有事，女同志怕啥，我说你死都不怕，还怕害羞，我就用嘴吸导尿管，我就拿个瓶子一接，出来了，这个时候伤员肚子就不鼓了，汗就下去了，我救他了一命。

【解说】

很多伤员都对王清珍说，你比我们的亲妹妹还亲。为了缓解伤员的痛疼，王清珍还时常给伤员们哼唱歌曲，电影《上甘岭》中女卫生员王兰的原型就是取自于王清珍的事迹。王清珍以出色的表现荣立了二等功，被授予二级战士荣誉勋章。

【解说】

1953 年 10 月 25 日，也是志愿军赴朝作战 3 周年纪念日，王清珍与时任战地医院政股长的刘焕杰，举行了结婚仪式。这是第 45 师在朝鲜战场上特批的第一对婚姻。

【解说】

随着冲击与反冲击次数的增加，第 15 军先后投入多个建制不同的连队。

【同期声】时任第 15 军战场报记者　李天恩（84 岁）

军长自始自终对这坑道工事非常重视，那部队 100 多号人，钻到那个坑道里有十几个单位，他们群龙无首不能形成战斗的，就派一个教导员，叫李袁德进去，把它统统编到第 134 团 8 连去，134 团 8 连叫红军传统，进这个连他觉得很光荣，组织起来，他们在那里打的。这个连一直打到立了特等战功。

【同期声】时任第 15 军第 45 师宣传科副科长　李明天（84 岁）

8 连坚持了 14 昼夜，在上甘岭当中是坚持坑道最突出的一个连队，他这个连队打仗勇敢，团结精神也是非常好。

【解说】

转入坑道战以后，秦基伟认为在坑道里不能光被动挨打，他总结出群众性的小出击活动，并及时在全军推广。

【同期声】时为第 15 军第 45 师第 135 团高射炮机枪连 3 排 9 班战士　贾汝功（77 岁）

我们师党委就提出来要主动的打退敌人，开展冷枪冷炮主动消灭敌人。

【同期声】时任第 15 军战场报记者　李天恩（84 岁）

这坑道口上，要用干部值班。坑道部队进入坑道以后，敌人经常破坏坑道口，要保护坑道口。

【解说】

从 10 月 21 日到 29 日，第 15 军组织班组兵力，以突击手段出击 158 次，除 9 次未奏效外，均获得成功，共计歼敌 2000 余人，并恢复 7 处阵地。

上甘岭战役第二阶段的坑道斗争中，志愿军战士以顽强不屈的英雄主义和视死如归的优秀品质战胜了常人难以想象的艰难困苦。兵团、志愿军司令部、中央军委乃至毛泽东，都密切关注着上甘岭的战况。秦基伟自始至终只有一个回答："请各级首长和毛主席放心，请全国人民放心，15 军只要还有一个人，上甘岭的战斗就要打下去。"

秦基伟发誓：要"抬着棺材上上甘岭！""联合国军"总司令克拉克也发誓：不管处境多么尴尬和困难，也要把"这场残酷的、保全面子的攻击，打下去！"双方继续在增兵。一时间，10 万大军云集上甘岭，战斗规模迅速发展成战役规模。

【同期声】时任第 15 军后勤部文化干事　胡复生（82 岁）

军长讲了，反正拼光 15 军，我也要把这两个阵地巩固住。

【解说】

1952 年 10 月 30 日，第 15 军以百余门火炮和 30 门 120 毫米重迫击炮，向 597.9 高地实施猛烈的炮火准备，拉开了决定性反击的序幕。晚 10 点，火箭炮团对敌纵深炮兵阵地和二梯队集结地区实施压制射击，几乎完全压制了敌纵深炮火。597.9 高地除东北山梁上的 2、8、11 号阵地仍在南朝鲜军控制外，主峰及几个要点阵地均已掌握在第 45 师手中。

【同期声】时任第 15 军炮兵主任　靳钟（2012 年采访）

133 团一个连的 9 门迫击炮一万发打向敌人，打了一万发迫击炮弹，喀秋莎火箭炮一共打了 10 个半齐放，一个半齐放是 600 发炮弹，一下过去把敌人一个营全部消灭了。

【同期声】时任第 15 军第 45 师宣传科副科长　李明天（84 岁）

　　喀秋莎一打过去，敌人一片火海，整个两个山都打成一片火海，那个时候也不管敌人的飞机了，都上山头看喀秋莎，壮观。

【解说】

　　11 月 1 日，美第 9 军调来了南朝鲜军的精锐部队第 9 师第 30 团。兵分四路向 597.9 高地猛攻，当天下午 15 时许，两个排攻上了主峰，即被第 45 师的守备部队赶了下来。南朝鲜军第 30 团攻了一整天，总共发动 23 次营连规模的集团冲锋，伤亡 1500 余人，毫无收获。

　　当晚，第 15 军第 29 师第 86 团的两个连发起反击，将 597.9 高地其余阵地全部恢复。但第 45 师伤亡较重，守备部队的兵力少到只能控制 5 个阵地，秦基伟将调归其指挥的第 12 军第 31 师的第 91 团 8 连调上 597.9 高地，接替第 45 师无力再守的 7 个阵地，从这天起，第 12 军的部队陆续开始参战。

【同期声】时任第 15 军第 29 师第 86 团 2 营营长　田长锁（87 岁）

　　我们 5 连就伤亡了大概有一半人，而后 6 连也上，两个连，结果反复打了，反击了有四五次才能上得去，把敌人压下去了，压下去了以后，我们就占领了主阵地。

【同期声】时任第 15 军后勤部文化干事　胡复生（82 岁）

　　我们 15 军要争这口气，把这两个阵地先反下来，拼了老命也要把它反下来，反下来以后再交给 12 军。

【解说】

11 月 2 日，范佛里特将美第 187 空降团投入了战场。该团是美军最早组建的空降部队之一，战功卓著。该团一上阵，就让第 15 军感到非比一般，无论装备、攻击队形，还是战术运用，都是首屈一指。但此时的第 15 军也已是久经考验了，步炮协同近乎完美，第 187 团好几次还没接近主峰阵地，攻势就被纵深炮火所粉碎。18 时许，天色全黑，"联合国军"的进攻方才停止，依然寸土未得。

【同期声】时为第 15 军第 29 师第 86 团 9 连 9 班战士　林炳远（81 岁）

这一天，我和马班长把敌人一个连打下去了，打退了三次。第二天又是我两个人，又打退了敌人三次冲锋，班长牺牲了，马班长牺牲了，我那时候也负了伤了。4 号的晚上，我到坑道里面找到指导员，我说马班长也牺牲了，打仗的情况也跟他说了一下。他说好，9 连现在已经完成了任务。因为一个连坚守一天就是完成了任务，我们已经坚持了四天，明天是第五天，一定要坚持到明天，明天 12 军要上来了。

【解说】

11 月 4 日晚，在反击 537.7 高地北山的战斗中，第 29 师第 87 团 5 连副班长薛志高左臂负伤，仍坚持战斗，并夺回了一个阵地，歼敌 28 名。在向另一阵地运动时，他的左腿被炮弹炸断，本班战士王合良负重伤双目失明。

【同期声】时任第 15 军战场报记者　李天恩（84 岁）

薛志高是腿打断了，王合良眼打瞎了，两个人不下阵地，瞎子把瘸子背上，两个人坚守阵地。

【解说】

决战中，薛志高拉响手榴弹与敌同归于尽。王合良和薛志高两人都荣立特等功，获二级英雄称号。

11月5日，第12军第31师全面接管了597.9高地的防务。秦基伟在这天的日记中写道：志司兵团决定，继续打下去，以第12军主力投入战斗，统一由我指挥。

【同期声】时任第12军第31师第93团3营营长　甄申（85岁）

我们去看地形，结果看了一个山上，人家说是弄掉了好几公尺。

【同期声】时任第12军第34师侦察科长　许克杰（85岁）

上甘岭战役15军前期打得英勇顽强，挫败了敌人的进攻锋芒，确实15军打得很好。我们都号召向15军学习，我们从那边上去以后，向15军学习，在英雄阵地上，我们要打出我们的国威军威。

【解说】

当天，南朝鲜军以第2师第31团对我597.9高地发起攻击，在志愿军顽强抗击下，徒有伤亡，下午3时结束了攻击。在这天的激烈战斗中，涌现出了著名的孤胆英雄胡修道，创造了孤胆作战的光辉典范。

【同期声】第12军第31师第91团5连战士　胡修道（2000年采访）

勇敢不怕死，是我们军队的光荣传统，特有的政治本色，一定要再苦也得坚持下去。光我一个人就消灭了280余名敌人。那时候基本上一心就是要守这个阵地，消灭敌人。

【解说】

在 10 月 30 日至 11 月 5 日对 597.9 高地的决定性反击中，志愿军以伤亡 2500 人的代价，歼敌 6000 余人。同时，第 87 团以 5 个连的兵力，反击 537.7 高地北山，歼敌 800 余人，有力地配合了 597.9 高地战斗。为此，朝中联合司令部通令嘉奖第 15 军。秦基伟在日记中写到：这是全军的最大光荣，我们要爱护荣誉，要争取更大的胜利。这次反击，使美军完全陷入了绝望境地，美联社悲哀地宣布："到现在为止，联军在'三角形山'（即 597.9 高地）是打败了"。

11 月 5 日，志愿军第 3 兵团成立五圣山战斗指挥所，作为第 15 军的前方指挥所，归第 15 军军长秦基伟直接指挥，由第 12 军副军长李德生负责统一指挥第 31 师、第 34 师的反击作战和第 15 军第 29 师的配合动作。

【同期声】军事科学院原军史部副部长　少将　齐德学

11 月 6 号，当时在前方的志愿军，就是在朝鲜，因为组织工作，因为邓华这时候回来汇报工作。杨得志志愿军副司令员和志愿军的代理参谋长（张文舟），就把第 3 兵团，对上甘岭地区的作战部署的调整，和志愿军要坚决跟联合国军争夺下去的决心发电报，报告了军委。毛泽东看到了这个电报以后，毛泽东就起草，以军委的名义给杨得志回了一个电报，就说你们加强对 15 军作战地区的部署和决心非常正确，上甘岭地区的作战，已由战斗规模，发展成为战役规模。望你们鼓励该军继续作战，争取全胜。

【解说】

而在 597.9 高地失败后，范佛里特迅速调整了部署，增调火炮，加修工事，企图集中力量固守 537.7 高地北山。

6 天之后，志愿军开始对 537.7 高地北山实施反击，志愿军第 12 军第 92 团以机动灵活的战术，激战两个小时，全歼南朝鲜第 2 师第 17 团一个营，全部夺回 537.7 高地北山表面阵地。在随后的几天中，敌人先后纠集 16 个营的兵力，在空中和地面炮火的支援下，向 537.7 高地北山多次发起疯狂反扑。从 11 月 12 日至 18 日，志愿军第 92 团、第 93 团先后击退敌人 132 次冲击，毙伤敌 2000 余人。

至 11 月 25 日，"联合国军"所谓的"金化攻势"偃旗息鼓，上甘岭也成为了美国人的"伤心岭"。历时 43 天的攻击，以寸土未得而告失败。"联合国军"总司令克拉克也不得不哀叹：这次攻势"得不偿失。……我认为这次作战是失败的"。

【同期声】时任第 15 军第 44 师第 131 团 3 营营长　冯乃秀（84 岁）

能够打败美国人的现代化，靠什么呢，我们就靠两条，一条打仗勇敢，二条以夜战、近战，我们这个志愿军战士啊，打仗勇敢这条，比美国人强，美国人看不行他就交枪。

【同期声】时任第 15 军第 45 师宣传科副科长　李明天（84 岁）

在世界战争史上她创造了一个记录。这个记录就是：军事家们都认为所有防线都可以打破，而上甘岭她没有打破。因此毛主席在接见秦基伟的时候，讲了这样一句话，说上甘岭没有被突破，这是一个奇迹。

【解说】

上甘岭战役，向世界彰显了志愿军英勇顽强的战斗作风。在上甘岭战役中涌现出三等功以上各级战斗英雄共 12347 人，英雄集体 200 余个。在 43 天中，拉响手榴弹、手雷、爆破筒与敌同归于尽，舍身炸地堡、堵枪眼的烈士留下姓名的就有 38 位之多！

【同期声】时任第 15 军第 44 师师长　向守志（96 岁）

15 军在抗美援朝，无论是在进攻作战，无论是在防御作战，这个都打得比较好。特别是防御作战，打出了国威，打出了军威。上甘岭战役在全军、在全国，甚至在全世界都很有影响。

【解说】

上甘岭战役打出了"上甘岭精神"，这就是：为了祖国，为了人民，为了胜利的奉献精神；不屈不挠，团结战斗，战胜困难的拼搏精神；英勇顽强，坚决战斗，血战到底的胜利精神。"上甘岭精神"在国内广为传扬，在 20 世纪 50 年代，是中国人民战胜困难，取得胜利的同义语。这场战役对朝鲜战争进程产生重要影响。由于上甘岭战役的失利，联合国军直至停战，再也没有向志愿军的固守阵地发起主动进攻。

第十集　边打边谈

导语

　　朝鲜半岛中西部的松岳山下，距开城市区西北约两公里有个"来凤庄"，这里原是一座富有家庭的宅地，因为后来成为了朝鲜停战谈判的最初会址，一时名声大噪，成为世人瞩目的地方。1951 年 7 月 10 日上午 10 时，朝鲜停战谈判在这里正式举行，开始了一场漫长的、史无前例的特殊博弈。

【解说】

　　1951 年 6 月 23 日，在联合国新闻部举办的一个名为"和平的代价"的广播节目中，苏联驻联合国大使雅可夫·马立克发表了这样一段演说："苏联人民相信，保卫和平的事业是能够做到的。苏联人民进一步相信，目前最为尖锐的问题——在朝鲜的武装冲突问题——也能够得到解决。苏联人民认为，作为实现停火和停战的第一步，交战双方应当开始进行讨论，以便为双方从三八线撤出武装力量作好准备。采取这一步骤可能吗？我认为，这是可能的，假如大家真诚希望结束朝鲜的流血战争的话。"马立克的演说为交战双方走向谈判桌前提供了一个良好的契机。

　　在志愿军和人民军的打击下，美军在朝鲜战场上连续受挫。战争形势更趋持久化，使美国不仅承受了更大的政治压力和经济负担，也违背了美国以欧洲为重点的国际战略。在朝鲜继续打下去无力取胜，长期僵持则消耗不起，因此，美国此刻不得不考虑调整朝鲜战争政策问题。

【同期声】时任志愿军司令部副司令员　洪学智（2000 年采访）

　　它（美国）战争的负担很大，一个是战争把它牵扯的海空力量很大，那时候他的战略重心还是在欧洲，把他消耗在这个地方，这对它整个的战略讲是危险的。另外负担太大，消耗得它弹药都困难了，他原来打的是二次大战剩下的，都打完了，所以以后他就要急于停战。

【同期声】军事科学院原军史部副部长　齐德学　少将

我们打了第五次战役，在五月中旬，五月十五六号吧，（美国）国家安全委员会专门研究这个问题，目标就是通过谈判，实现停战，它叫体面的停战，最后专门发了一个备忘录，给李奇微。

【解说】

位于美国纽约海滨长岛的伦克福庄园，当年曾是苏联驻联合国代表团成员周末度假的地方。1951年5月31日，一位美国人造访了这里，他就是美国国务院资深顾问，美国曾任驻苏大使，著名苏联问题专家——乔治·凯南。凯南此行的目的只有一个：谋求朝鲜停战谈判。在这里，凯南向苏联驻联合国代表马立克表示，美国政府准备与中国讨论结束朝鲜战争的问题，愿意恢复战前状态。

一天之后，这一信息很快传递到了北京。经过商谈，毛泽东和金日成决定采取边打边谈，"充分准备持久作战和争取和谈达到结束战争"的策略方针。

【同期声】军事科学院原军史部副部长　齐德学　少将

我们确定战略目标，就是在三八线，以三八线为界谈判来解决问题。

【解说】

于是，朝中方面在与斯大林协商后，确定"由苏联政府根据凯南的声明向美国政府试探停战问题"。就这样，在数天后，便有了马立克那段演说。

就在马立克演说的当晚，美国国务院就作出了回应："假如这并非单纯的宣传，那么讨论终止冲突的办法是现成的。"

两天后《人民日报》发表社论："中国人民完全支持马立克的建议，并愿为其实现而努力。"当天，美国总统杜鲁门在发表美国政策演说时称"我们愿意参加朝鲜问题的和平解决。"

6月30日，"联合国军"总司令李奇微奉杜鲁门之命，通过广播向朝中方面正式发出，建议在元山港丹麦伤兵船上举行停战谈判的通知。

7月1日，朝中方面由金日成、彭德怀发出复文表示同意，但建议地点改在开城。李奇微认为开城在中朝控制区内，对美方不利，但是，为了不至于把刚有点眉目的事搞砸了，还是回电表示同意。

就在金日成、彭德怀发出复文的第二天，毛泽东要求志愿军"极力提高警惕。我第一线各军，必须准备对付在谈判前及谈判期内敌军可能对我来一次大的攻击，在后方，则举行大规模的空炸，以期迫我订立城下之盟。如遇敌军大举进攻时，我军必须大举反攻，将其打败。"

【同期声】时任彭德怀军事秘书 杨凤安（89岁）

分析敌人在谈判桌上肯定不老实，所以彭老总订的方针是谈的积极谈，打的积极打，以打促谈。谈判桌上他捞不着东西，战场上也不能叫他占便宜。

【同期声】军事科学院原军史部副部长 齐德学 少将

就是边打边谈嘛。就说，我这个谈也是靠打来保障的，来支持的。

【解说】

美国人对待谈判的态度，早在杜鲁门发表演说的那个夜晚就定下了基调：谈判不意味着立即休战，在停战协定签订以前，将不停止对抗活动。美国政府还授权李奇微，在停战谈判期间，可以进行陆地、两栖、空中、空降和海上作战，以支持谈判。

谈判还没开始，边打边谈的局面就已经注定了。

1951 年 7 月 8 日，朝鲜战争交战双方联络官在开城来凤庄进行了第一次会晤。经双方协定，正式谈判的日期为 1951 年 7 月 10 日，地点依然是来凤庄，并提交了各自代表团的名单。

朝中方面的正式代表是：朝鲜人民军总参谋长南日将军，中国人民志愿军副司令员邓华将军，中国人民志愿军参谋长解方将军，朝鲜人民军总司令部侦察局局长李相朝将军，朝鲜人民军第一军团参谋长张平山将军。与此同时，由毛泽东和周恩来亲自点将，外交部副部长李克农和同在外交部工作的乔冠华也来到了这里，担任这次停战谈判的总顾问，在幕后出谋划策。

联合国军方面的正式代表是：美国远东海军司令特纳·乔埃中将，美国远东空军副司令克雷奇少将，美国第八集团军副参谋长霍治少将，美国远东海军副司令勃克少将和南朝鲜的白善烨少将。

然而，会场内外双方你来我往的暗战也在悄然进行。

【同期声】时任志愿军司令部电台队队长　杨雨田（83 岁）

谈判的时候，美国人他要先摆出一个胜利者的姿态，他要我们给他修一个直升飞机的机场。咱们那时候没有直升飞机。连苏联那时候还没有直升飞机，美军在战场上已经用直升飞机了。他的谈判首席代表叫（乔埃）中将，他要坐直升飞机来，表示他是一个大国，军事大国。

【解说】

对此，朝中方面作出了针锋相对的回应。

【同期声】时任志愿军司令部电台队队长　杨雨田（83岁）

我们谈判代表去接美国谈判的那些人，都用美国的吉普车去接他。新新的白五星。你说是胜利者，你这车怎么到我们手上来了。咱们两个谁是胜利者，我缴获了你们这么多车辆，都是你军官坐的吧。

【解说】

其中，一辆吉普车的挡风玻璃上，竟然有两个弹孔。

1951年7月10日上午10点，朝鲜停战谈判正式开始。双方代表团都拿出了自己的提案，但终因分歧过大，第一天的正式谈判在双方仅仅提出各自的观点之后就宣告结束。

记者们曾就需要多少日子能够达成协定的问题进行过打赌。某一悲观论者预测"需要6周时间"时引起了其他记者的失笑。当时认为充其量需要2~3个星期的占大多数。结果，他们都猜错了。

随着谈判的进行，就连谈判要讨论哪些问题都困难重重，难以进展下去。7月26日，双方终于决定了讨论事项，仅此就用了17天之久。随后进入的第二项议程：军事分界线问题的讨论，谈判之始便陷入了僵局。

【同期声】军事科学院原军史部副部长　齐德学　少将

志愿军和人民军方面，主张是以三八线为界停战，提出这个也是有理由的，一个是三八线本来就是朝鲜南北双方的一个分界线，这是世界公认的，大家都知道的。第二个从1951年的1月，到停战谈判开始这段时间，双方先后有四次波动于三八线南北地区。

【解说】

而"联合国军"方面则提出了所谓的"海空军优势补偿论"。

【同期声】军事科学院原军史部副部长　齐德学　少将

我们（美军）的空军和海军，控制了从战线开始一直到鸭绿江和图们江整个朝鲜地区，一旦停战，我们的空军和海军要撤退，那么我们就亏了。所以现在地面战线的情况，不能反映双方的实际军事力量。

【同期声】时任彭德怀军事秘书　杨凤安（89岁）

他们就提出补占，要占一万二千平方公里，说你要补充我海空军的优势，想要占到元山、新义州蜂腰部这个地方来。当然，我们也寸土不让。我们说，你们要补偿我们地面的步兵的优势。

【同期声】军事科学院原军史部副部长　齐德学　少将

我们的代表团马上就驳他了，说既然你的海军、空军那么强，那你当时为什么没有在鸭绿江、图门江占住脚，你为什么撤到三八线，甚至后来你又撤到三七线。所以现在的战线，实际上就反映了双方陆海空军的综合能力。所以最后把他驳了。

【解说】

美方代表乔埃无言以对，双方静坐132分钟。场内一片寂静，场外则是另一番景象。

进入了8月后，双方都没有一点让步的迹象，谈判变成了重复同样的主张，重复同样的拒绝这种不变的日常例行公事。最终每次谈判都成了"静坐"，最短的一次全程用时 25 秒便告休会。

【同期声】时为中国新闻代表团记者　罗昆禾（89 岁）

互相之间的不发言，两边谁也不拉手，不握手，不发言，坐着坐着走了。他走，他先走，我们后走。

【解说】

此时，彭德怀根据谈判的需要和毛泽东的指示，准备在 9 月 10 日下午发动第 6 次战役。由于各种客观原因，此战役改为加紧准备而不发动，如此可预防敌人挑衅和谈判破裂，又可加紧前线训练和后勤准备。

谈判没有任何进展，但"联合国军"的挑衅却不断发生，他们在中立区频频制造事端。

【同期声】时任第 47 军第 139 师组织科青年干事　梁峻英（84 岁）

美国和韩国的部队呀，经常组合到一起，在我们那个中立区，偷偷地在巡逻，他来巡逻就是找茬，来找茬来。

【解说】

位于朝鲜开城的这座志愿军烈士墓，长眠着一位年轻的志愿军排长，他就是当年为保卫朝鲜停战谈判而牺牲的"和平战士"姚庆祥。

【解说】

1951 年 8 月 19 日，美方多名武装人员非法潜入中立区，袭击了负责警卫中立区的志愿军军事警察，年仅 24 岁的排长姚庆祥，壮烈牺牲。

【同期声】时为北京电影制片厂新闻摄影队摄影师 赵化（80 岁）

前面那个排长姚庆祥被他们给射杀了，还射伤了两个战士。

【解说】

时为战地摄影师的赵化用镜头见证了美军的罪行。

【同期声】当年纪录片解说

我方联络官张春山上校、柴成文中校和美方联络官穆莱上校等共同进行实地调查。和姚排长一起遭受过袭击的战士向他们说明经过。他说，我们在松古里和柏山里之间的山坡山巡逻，突然遭到美李军队从树丛中的射击，姚排长左腿受重伤，美李军队又赶到他跟前在姚排长前额上打了两枪，姚排长就这样牺牲了。优秀的和平战士姚庆祥同志倒下了，他为了遵守双方的协议，为了争取朝鲜的停战，为了和平事业遭受了美李匪徒的袭击，献出了自己宝贵的生命。

开城人民以极其悲愤的心情给姚庆祥同志开追悼会。他们将永远纪念着这位和平战士。美帝国主义对中朝两国人民又欠下了一笔血债……。

【解说】

姚庆祥牺牲后，朝鲜松古洞村的老百姓进行了绝食，以示对姚庆祥的哀悼和对美军的抗议。朝鲜各界人士于朝鲜开城善竹桥附近为他立了纪念碑。中国人民志愿军政治部为表彰烈士为和平事业献身的精神，于1953 年 1 月追认姚庆祥为一等功臣，并授予"和平战士"称号。

仅仅相隔三天，又一事件接踵而至。8 月 22 日夜，联合国军的飞机轰炸了谈判会场，朝中代表所在的区域恰恰就在飞机攻击的范围内。

【同期声】时为北京电影制片厂新闻摄影队摄影师　赵化（80岁）

就来了一架美国B-24的飞机就过来了，中立区是不能够有军用飞机的。敌人飞机来，结果就听着，嘶，就炸弹下来的声音。我们就趴下来，嘭嘭嘭几下，就炸了，然后接着，还来一梭子子弹。

【解说】

两个小时后，美方代表肯尼上校、穆莱上校等人抵达现场后，在具体的人证、物证面前，却拒不承认。

【同期声】当年纪录片解说

这是美国炸弹的弹片，这上面的英文字还看得非常清楚。这些轰炸证据不能允许美侵略者再次抵赖，我方联络官张春山上校、柴成文中校向美方联络官提出严重的抗议，要求美国认真处理这些严重的挑衅事件。我方联络官并宣布停止一切会议的进行。等待美国方面对这一事件做负责的处理。

【解说】

就这样，持续了45天的朝鲜停战谈判就此中断。

实际上，自谈判以来，美方一直是以一种优势的心态来看待停战谈判的，在多次交锋都没能占得任何便宜后，除了发起各种挑衅，还宣称"让炸弹、大炮和机关枪去辩论吧"。

1951年8月至10月间，"联合国军"连续发动了夏季攻势和秋季攻势，以期通过军事上的优势，胁迫中朝方面在谈判中就范，从战场上得到在谈判桌上得不到的东西。早有准备的志愿军和朝鲜人民军展开了积极防御，给予美军以痛击。

8 月 18 日，"联合国军"先后动用 7 个师的兵力，向北汉江以东朝鲜人民军的防御正面实施猛烈进攻。人民军依托野战工事，在缺粮少弹的情况下，顽强抗击敌人的进攻。在 773.1 高地和 851 高地，美军伤亡惨重，将这两个高地称为"血岭"和"伤心岭"。

【同期声】时任彭德怀军事秘书　杨凤安（89 岁）

夏季攻势在东线打了将近半个月，伤亡了七万八千人，光美军就两万二，前进了 167 平方公里，而且打出的　个伤心岭，没办法停下来了。

【解说】

"联合国军"不甘心夏季攻势的失败；9 月 29 日，又向志愿军防御正面发动秋季攻势。"联合国军"首先以 3 个师的兵力，采取逐段进攻，逐步推进的战法，进攻西线志愿军的第 47、第 64 军的防御阵地。志愿军在"积极防御，节节抗击，反复争夺，歼灭敌人"的原则指导下，依托野战工事，与敌人展开激烈的战斗。在月夜山、天德山、高望山、马良山等阵地，打退了敌人一次又一次的进攻。

临津江以西的马良山地区是扼守板门店的战略要地，一心想在谈判桌上将板门店划入军事分界线己方一侧的美军，将这里作为他们攻击的重点。10 月 3 日开始，志愿军第 64 军 191 师与英军第 1 师及美军骑兵第 1 师第 5 团在此展开了激烈的攻防战。

【同期声】时任第 64 军第 191 师第 574 团 1 营营长　王凤生（86 岁）

马良山打得很残酷，打了半个月。第一波是人家攻咱们的，打了半个月。打的那个山呀，那个土这么深，都是虚的，跟雪地一样。打成这

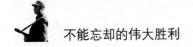

个样，一棵树也没有，一棵草也没有。

【同期声】时任第 64 军第 571 团 1 营营长　王连清（89 岁）

　　咱们那会呢，没有那个坑道，就是地面野战攻势，没有下来几个人，基本上全打掉那个山上了。

　　【同期声：王凤生　时任第 64 军第 191 师第 574 团 1 营营长 86 岁】

　　以后敌人占了，把马良山占住，占住是英国一个皇家团。以后咱们又过了半个月，咱们又反冲锋，又把那个山占了，把那个团收拾完了。

【同期声】时任第 64 军第 571 团 1 营营长　王连清（89 岁）

　　那会就好了，那会咱们就有了炮了。那会叫喀秋莎，叫火箭炮。

【同期声】时任炮兵第 21 师第 201 团组织干事　王瑛（82 岁）

　　发射的时候是一片红，天上全部是亮的，整个马良山一片火海，英格兰旅整个就瘫痪到这上面了，上去看不到人，看不到整个的枪，枪都是烂的，人都废了。我们把马良山夺回来了，控制了这个阵地。

【解说】

　　在马良山防御和反击作战中，志愿军共打死打伤和俘虏英、美军 4400 余人，击落飞机 14 架，击毁坦克 6 辆，粉碎了"联合国军"的进攻，极大地打击了"联合国军"的嚣张气焰。

【同期声】时任彭德怀军事秘书　杨凤安（89 岁）

　　在西线也打了将近半个月，（美军）伤亡惨重，而且寸土未得，没有占到我们一寸土地，结果以失败而告终。

【解说】

"联合国军"西线进攻受挫，10月8日，又将攻势转向东线，先后以6个师的兵力猛攻志愿军第67、第68军防御阵地。在文登里和金城以南地区，"联合国军"集中250辆坦克，实施所谓坦克"劈入战"和坦克"楔入战"。

【同期声】时任第68军军部干事　李春长（81岁）

敌人后来坦克就开到这个山头上，作为固定碉堡跟我们打。我们只要一过来，他的坦克炮就开炮，因为他在山头上看得就很清楚。

【解说】

志愿军部队依托反坦克阵地，击毁击伤敌坦克83辆，有效地阻止了敌坦克的进攻。

【同期声】时任第68军军部干事　李春长（81岁）

我们612团的一个战士，扛着那个反坦克无坐力炮。敌人坦克来了，他很沉着，到要接近十多米左右，那就相当相当近了，他才开炮。"嘭"，一炮，就把敌人坦克链子就打断了。敌人坦克带一打断，这个坦克就瘫了，就不能走了，敌人坦克是坦克群过来，前后坦克挺多，接着他又开炮，连续打掉了敌人三辆坦克。

【解说】

在激烈的防御作战中，第67军创造了3天歼敌17000余人的记录。至 10 月 22 日，志愿军粉碎了敌人的秋季攻势。在两个多月的夏、秋季攻势中，"联合国军"以死伤 157000 余人的代价，占取土地 646 平方公里，平均每平方公里死伤 243 人。

【同期声】时任彭德怀军事秘书　杨凤安（89 岁）

这个时候美国国内参谋长会议主席布莱德雷就说了像你〔李奇微〕这样逐山逐地的打法，打到鸭绿江二十年，得伤亡几千万人。所以说，你战略是失败的。

【解说】

这次防御、反击敌人夏、秋季攻势作战，也是入朝参战不久的志愿军火箭炮兵打的第一仗。在后洞里、马良山等战斗中，火箭炮兵充分发挥火力优势，给予了步兵极大的炮火支援。

【同期声】时任炮兵第 21 师第 202 团政治处见习干事　张自全（80 岁）

这个火箭炮的厉害在哪儿呢？它既可以混炸，也可以燃烧，打到山头上，敌人的野战攻势都被火烧了。

【同期声】时任炮兵第 21 师政治部组织科长　宋兆田（92 岁）

喀秋莎大炮叫大把抓，因为这炮弹出去以后，打到敌人阵地上 200 米方圆之内，这个地面上的敌人一个也活不了，不是打死了，就是震死，就是烧死。

【解说】

1950 年 11 月，刚刚结束在赣南粤北剿匪作战的第 143 师奉命北上，改编为火箭炮兵第 21 师，吴荣正任师长，刘禄长任政委。1951 年 2 月 14 日，全师以团为单位接受刚从苏联运来的火箭炮。

正常情况下，从步兵团改装为火箭炮团形成战斗力，至少需要一年的时间。军情紧迫，第 21 师开始了 28 天改装训练，14 天动员教育，热火朝天的突击大练兵，于 4 月初开始分批入朝参战。

【同期声】时任炮兵第 21 师第 202 团政治处见习干事　张自全（80 岁）

就是四个礼拜时间，非常紧张。战士晚上不睡觉也去练，下苦功夫，为了早一点抗美援朝，去打敌人。

【解说】

彭德怀对火箭炮兵非常重视，在桧仓志愿军总部专门向前来汇报工作的炮兵第 21 师副政委吕琳作了叮嘱。

【同期声】时为炮兵第 21 师《战士报》编辑　汪兆涕（85 岁）

彭老总跟他讲，他说照你们这样先进的火箭炮美国现在还没有，所以要很好地利用它来杀伤美国人的有生力量，所以你们火箭炮配备哪个部队，在什么地方作战都得经过他批准。

【同期声】时任炮兵第 21 师第 202 团政治处见习干事　张自全（80 岁）

当时这个武器比较珍贵，我们国内不能生产，要花钱的，炮弹也要花钱，那个时候不知道说的是笑话还是什么，说一发炮弹值 6 两黄金。

【解说】

9 月 1 日，"喀秋莎"火箭炮兵第 21 师 203 团，在配属东线第 27

军反击美第 7 师的后洞里战斗中，打响了火箭炮兵入朝作战的第一炮。被打得丧魂落魄的美军士兵，竟惊呼志愿军"使用了原子炮"。

【同期声】时任炮兵第 21 师第 201 团组织干事　王瑛（82 岁）

步兵开始不了解它，也不喜欢它，它有一个不利的条件就是架子大、炮大、排场大，它要一动弹就是惊天动地，步兵、坦克、车都要让路，一切为它服务。从这一仗以后，就都想要了。

【同期声】时任炮兵第 21 师政治部组织科长　宋兆田（92 岁）

都喜欢这个大炮，一打仗的时候，就争着要配属它，就能打胜仗，这个先进武器嘛。

【解说】

为切断中朝军队前线粮食弹药供给，迫使中朝方面接受其谈判条件，美国空军对中朝军队后方和运输线实行大规模日夜轮番轰炸的所谓"绞杀战"。但最终也以失败而告终。

无奈之下，"联合国军"代表只好重新回到了谈判桌上。在得到朝中方面同意后，谈判地点移到板门店，这里是美方控制区汶山里至朝中方控制区开城之间双方的接触点。1951 年 10 月 25 日，中断了两个多月的停战谈判复会。

朝中方面为打破僵局，提出以双方实际接触线为军事分界线的新方案。在夏、秋季攻势中付出沉重代价但战果甚微的"联合国军"不再坚持"海空补偿论"，但却提出了以被他们占据的北方海岛换取开城的无理要求。

为配合谈判，加强开城地区的防御，1951 年 11 月，志愿军第 65

军在开城以南地区对南朝鲜军进行了两次扫荡作战，扩展阵地 280 平方公里。志愿军第 50 军在空军和炮兵的支援下，先后收复椵岛、大小和岛等十多个岛屿。人民军海防部队也相继攻占大同江口及瓮津半岛附近的岛屿。

军事较量的结果，使"联合国军"方面不得不接受朝中方面以实际接触线为军事分界线的方案。11 月 27 日，历时 4 个多月，经过了 18 次正式会谈，37 次专门委员会会谈，14 次参谋会谈，双方终于就军事分界线的划定达成了临时协议。

接下来的谈判，双方在一系列相关问题上依然存在着争论，进展滞缓。此时，一个令世人震惊的事件发生了。

1952 年 1 月 27 日夜间，多批美军飞机在位于铁原郡的志愿军第 42 军阵地上空低飞盘旋，却没有像往常一样俯冲投弹。次日早晨，第 375 团战士李广福在驻地金谷里的雪地上发现大量苍蝇、跳蚤和蜘蛛等。此后数日，志愿军部队连续在朝鲜前方和后方多处发现大批此类昆虫，而且都是在美军飞机经过的地区，在飞机低飞盘旋后出现。

【同期声】时任第 50 军敌工科干事　莫若健（83 岁）

每天晚上它（飞机）一俯冲的时候，平常一俯冲，马上紧接着就扫射，机枪没声，那几天晚上怪了，没有声音。

【同期声】时任炮兵第 2 师 3 营 8 连观察员　韩玉方（90 岁）

这个炮弹不响，就噗噗一声就爆炸了，结果一看像牛槽似的两半。

【同期声】时任第 50 军敌工科干事　莫若健（83 岁）

第二天早上完了，小蛇、小老鼠、蟑螂啊，什么都来了。

【解说】

当时正值朝鲜一年中气温最低的季节，大量昆虫的反季节出现情况异常。

【同期声】时为志愿军卫生部秘书　陈秀石（82 岁）

当时取证以后，取得样本化验，直接送到朝鲜人民军的卫生防疫最高机构。化验结果，证实确实是属于细菌战。

【同期声】时任第 27 军第 80 师第 239 团 2 营教导员　张桂绵（84 岁）

敌人搞的那个细菌战，我一下得了伤寒，发高烧都 40 多度。雪地上面都是一片虱子，都能看到。我那个营部指挥所住那个地方，下面的老百姓家里三口子人都倒在床上。

【同期声】时为第 23 军第 69 师卫生营手术室护士　张广平（78 岁）

就是好些战士呢，得了不知什么病，这个时候呢，美国的细菌战已经开始了，后来有些战士牺牲了以后，查不出原因。

【解说】

防疫专家经过化验后，认为这些昆虫所带有的病菌，属于霍乱、伤寒、鼠疫、回归热四种病菌。2、3 月间，中国东北的抚顺、安东等地区在美军飞机入侵后，也相继发现了各种带菌昆虫。

2 月 24 日，抗美援朝总会主席郭沫若发表声明"美国侵略军公然违背国际公约，在朝鲜北部和中国东北地区撒布大量带有鼠疫、霍乱、伤寒和其他传染病的动物和昆虫，企图以所谓的细菌战从根本上削弱中朝军民的战斗力"，号召全国人民动员起来，坚决声讨并制止美军撒布细菌罪行。3 月 8 日，周恩来发表声明，抗议美国政府使用细菌武器和侵犯中国领空。

3 月 29 日，世界和平理事会召开会议，通过了反对细菌战告全世界男女书。国际民主法律工作者协会和国际科学委员会先后派出调查团到朝鲜和中国东北地区进行实地调查。调查结果证实，美军确实进行了细菌战。被俘美军飞行员奎恩等人对参与细菌战供认不讳。

【同期声】时任第 68 军军部干事　李春长（81 岁）

他供词，他们俩证明曾经投过这个细菌弹。这个 1953 年，我们人民日报把这两个俘虏供词，在人民日报发表了。

【同期声】时任第 15 军第 44 师师长　向守志（96 岁）

所以，抗美援朝美国除了没有投原子弹以外，什么化学战、细菌战、凝固汽油弹这些东西，集束炸弹都用上了。

【解说】

中共中央和中央军委断然决策：全面展开反细菌战斗争，"并号召部队和人民，既不恐慌也不麻痹，要坚信以群众的防疫力量，是可以战胜敌人细菌战的。"防疫工作是反细菌战工作的中心。在几天时间内，总参谋部和总后勤部向朝鲜紧急运送了数百万份各种疫苗与防疫用品，同时从国内组织防疫队员、抽调专家组成检验队、防疫队，携带检验药品、器材等前往朝鲜。

【同期声】时为志愿军卫生部秘书　陈秀石（82 岁）

展开反细菌战的斗争，国内支援进了很多的防疫药品，防疫人员深入部队进行卫生防疫工作，洗消工作。

【解说】

由于防控及时，措施有力，中朝军队和人民很好地控制了疫情的发生和发展。而发动细菌战使美国受到了国际社会和舆论的谴责，使自己在国际上变得更加孤立。

此时，谈判桌上出现了更大的分歧。让人没有想到的是，一般被认为是最简单的战俘问题，突然成为了焦点问题。

【同期声】军事科学院原军史部副部长　齐德学　少将

因为在军事分界线问题上，他没占到什么便宜，他就想在俘虏上做文章了。

【同期声】时为第27军敌工部英文翻译　张仲达（85岁）

实际是美国人想把我们中朝的战俘扣留交给台湾，交给李承晚，他目的是为了这个。

【解说】

于是，"联合国军"方面公然违反国际法和国际惯例，针对朝中方面全部遣返战俘的要求，提出所谓"自愿遣返"的原则。在战俘营里，美军对战俘进行所谓"甄别"。南朝鲜李承晚和台湾蒋介石千方百计插手其中，与美军勾结，强迫战俘拒绝遣返；对坚决要求遣返的战俘，则施以残酷迫害。

【同期声】时为志愿军政治部俘虏管理处4团军医　王学奇（84岁）

国民党的特务派到战俘营里头，混成咱们的被俘人员。他在里头威胁利诱，耍尽阴谋诡计。

【同期声】时任第 60 军第 180 师第 538 团见习宣教干事　张泽石（84 岁）

把你吊起来，从肛门里面灌辣椒水，甚至于把你脱光了衣服，把你放在空的汽油桶里，汽油桶里都是玻璃渣子让你在路上滚，一身都是血。

【同期声】时为中国新闻代表团记者　罗昆禾（89 岁）

百般刁难，强迫签字，有的人拒不签字，最后他动用了饥饿政策，不给饭吃，最后有的被饿死的。

【同期声】时任第 60 军第 180 师第 538 团见习宣教干事　张泽石（84 岁）

当着大家，把心给挖出来，穿在这个刺刀上面，就到战俘帐篷里说，你看，他就是回大陆啊，明天你们谁要去找毛泽东就跟他一样。

【同期声】时为志愿军政治部俘虏管理处 4 团军医　王学奇（84 岁）

他们被迫在身上，相当一部分都刺着国民党的国徽，什么反共标语。

【同期声】时任第 60 军第 180 师第 538 团见习宣教干事　张泽石（84 岁）

到了最后的时候，连额头上都刻上了，这种刺青是一辈子也消不掉的东西。

【同期声】时为中国新闻代表团记者　罗昆禾（89 岁）

被刺字的战士们硬是把这个字刮下来，流着血刮呀。

【解说】

与之相反的是，在志愿军战俘营里，"联合国军"战俘受到的却是人道主义的良好待遇。温纳瑞斯，当年志愿军战俘营里一名普通美军战俘。志愿军优待宽大俘虏的政策和人道主义精神，以及中国人民对和平的热爱，深深感染了他，使他义无反顾地选择留在中国，并拥有了自己幸福美好的生活。

【同期声】当年美军被俘人员　温纳瑞斯（2000 年采访）

我们大部分时间就是搞体育运动，有好几个俘虏团，我们也集合一块儿搞了比赛，各种各样的比赛。打篮球、棒球、跑步、游泳。我们想家了，怎么办？志愿军很快发给我们了信纸、信封还有钢笔。我们写信，志愿军想办法就信都到了家里。

【解说】

1952 年 2 月至 10 月，《人民日报》多次发表社论和声明，揭露和谴责美军迫害战俘的罪行。全国人民也积极掀起了抗议活动，要求全部释放战俘。

1952 年 10 月 14 日，单方面宣布休会后，"联合国军"在范弗李特的指挥下，发动了 1952 年以来规模最大，以上甘岭地区为主要进攻目标的"金化攻势"，以期通过对志愿军施加更大的军事压力，扭转其所处的被动局面和谋求在谈判中的有利地位。事与愿违的是，经过 43 天空前激烈的战斗，在志愿军英勇顽强地抗击下，最终又以失败而告终。由于伤亡惨重，迫使"联合国军"停止了之后任何对志愿军的大规模进攻计划。

此时，美国政坛也发生了变化。在总统大选中，艾森豪威尔击败爱得莱·史蒂文森，当选为新一届美国总统。1953年2月2日，艾森豪威尔发表国情咨文，宣布取消台湾海峡"中立化"，第二天，他又和参加"联合国军"的15国代表会谈，说服他们支持对中国实行封锁。美国这种挑衅性的举动再度加深了中美之间的敌意。

1953年2月7日，毛泽东在全国政协一届四次会议上表明了中国的严正立场，强调"抗美援朝的斗争必须加强"，要"一直打到美帝国主义愿意罢手为止，一直打到中朝人民完全胜利的时候为止。"

面对中方的强硬态度，1953年2月22日，新任"联合国军"总司令克拉克根据美国当局的指令，向朝中方面提出了先行交换病伤战俘的建议，释放出希望解决战俘问题的信号。

朝中方面对此作出了积极回应。4月11日，双方就遣返病伤战俘问题达成协议。4月20日，双方开始在板门店交换病伤战俘。当年，作为中国新闻摄影队摄影师的李振羽，参加了交换病伤战俘的拍摄工作。

【同期声】时为北京电影制片厂新闻摄影队摄影师　李振羽（84岁）

那些战俘就把美国兵发给他们的衣服，发给他们的吃的，什么都扔回去了，都砸向这个美国兵。这个缺胳膊少腿的人，眼睛瞎的什么样的人都有。看到咱们的战友，受那样的罪，我们一边拍着一边哭，一边掉眼泪。

【同期声】时为第27军敌工部英文翻译　张仲达（85岁）

我们一个女俘，拿着高跟鞋。美国人让她们回来以后，着装各方面，好像给你穿高跟鞋。拿着个高跟鞋砸汽车里面的美国司机，那个司机躲闪，车一停跳走了，走得远远的。车上面的女俘一下来以后，看到都是祖国的亲人，一下子热泪盈眶，边哭边说，控诉美国的毒害。有的女俘一下来就紧紧抱住我们的女护理员，全身颤抖，哭得一句话都说不出来。

【同期声】时为中国新闻代表团记者　罗昆禾（89 岁）

我们看了以后，是一种非人道的，革命人道对非人道的，非常明显，敌人就是残酷、邪恶。我看到美国兵下汽车以后，同我们遣返人员拥抱，感激得不行。大包小包，挎包里头鼓鼓囊囊的，吃的红光满面，舍不得离开。外国记者都说，中国人民真好，撇大拇指头。

【解说】

4 月 26 日，停战谈判在中断了 6 个月零 18 天后复会。然而，到 5 月中旬谈判再次陷入僵局。

为紧密配合停战谈判，促使朝鲜停战早日实现，志愿军决定采取稳扎很打、由小到大的方针，举行夏季进攻战役。5 月 13 日，志愿军以打击美英军为重点，对敌连以下坚固阵地发动进攻。到 5 月 26 日，第 60、第 67、第 23、第 24 军先后对敌 20 个目标进行了战术反击作战，共歼敌 4100 余人。

5 月 27 日，中朝军队发动第二次进攻，将反击目标扩大到以营团坚固阵地，重点打击南朝鲜军。到 6 月 16 日，东线志愿军在北汉江两侧攻占敌三个团的防御阵地，扩大阵地面积 58 平方公里，给南朝鲜军第 5、第 8 师以歼灭性打击。东线人民军和西线志愿军也先后向敌 25 个营以下阵地发动进攻。此次进攻作战，中朝军队共歼敌 41000 余人。

【同期声】时任彭德怀军事秘书　杨凤安（89 岁）

在这个期间，我们阵地是越来越巩固，成了一个坚固的万里长城和地下长城了。在这个时候，我们在战场上非常主动，越来越主动，所以谈判桌上也很主动。

【解说】

6月8日，停战谈判中僵持已久的战俘遣返问题，终于达成了协议，并于6月15日重新修正了停战后的双方军事分界线。停战协定签署在即。

至此，漫长的停战谈判之路，在经历了双方谈谈打打，打打谈谈的曲折和险阻后终于接近了终点，一场特殊的博弈即将有了结果，结束战争的希望让人们翘首可盼。

第十一集　胜利凯歌还

导语

　　在中国人民革命军事博物馆里陈列着的这面用彩色丝线精工细绣的虎头旗，是当年志愿军的战利品。这面象征着威武、勇猛的旗帜，是由南朝鲜总统李承晚亲自授予其"首都师"第1团的一面"优胜"旗。因此，第1团又得名"白虎团"，是南朝鲜部队中王牌中的王牌。然而，在金城战役中，"白虎团"被志愿军打得威风扫地，几乎全军覆没。金城战役是抗美援朝战争中规模最大的阵地攻坚战，也是最后一次战役。

【解说】

板门店，位于朝鲜半岛的中西部，六十年前，朝鲜停战协定就是在这里落笔签定的，"板门店"从此扬名于世。如今，"板门店"已经成为了一个著名旅游景点，许多观光客都会特意前来游览。今天的人们很难去想象，朝鲜停战协定的签署经历了多少险阻。

【解说】

1953 年 6 月 18 日，正当朝鲜停战协定即将签订之际，不甘心失败的南朝鲜总统李承晚，公然破坏朝鲜停战谈判。李承晚高呼"向鸭绿江进行一次全面的军事进攻"，即使"我们不得不单独作战也在所不惜。"并公开拒绝停战的条款。南朝鲜国民议会也表决："一致反对停战条款。"这一严重事件，立即引起了朝中方面的极大愤慨和世界各国的谴责。

【同期声】时任志愿军司令部电台队队长　杨雨田（83 岁）

李承晚这个行为，不仅仅是引起我们的愤怒，而且引起了所有"联合国军"的西方国家的愤怒。因为那些国家的兵啊，早也不想打了，厌战了，他们早想撤回去。

【同期声】时任志愿军炮兵第 21 师 201 团组织干事　王瑛（82 岁）

李承晚是南朝鲜的总统，他说不能停，我要打，你们不打，我自己打到鸭绿江。这个时候，美国人就说了，你不停，让中国人教训你一下。

【解说】

6月18日，艾森豪威尔急电李承晚，要李承晚"立即毫不含糊地接受联合国军司令部的指挥，处理并结束目前的敌对行动，否则就将另行安排。"

6月19日，金日成、彭德怀致函"联合国军"总司令克拉克，要"联合国军"方面必须就能否控制南朝鲜的政府和军队，保证停战协定的实施作出答复。能战方能言和。6月20日，彭德怀致电毛泽东："根据目前情况，停战签字须推迟至月底比较有利。为加深敌人内部矛盾，拟再给李承晚伪军以打击，再消灭伪军15,000人。"毛泽东当即复电表示同意："停战签字必须推迟，……再歼灭伪军万余人极为必要。"

【同期声】时任第21军政治部副主任　姜林东（95岁）

就是为了促进和谈的成功，给他一个教训，给他一个沉重的打击，能够使得谈判得到一个有利条件。

【解说】

6月21日，在桧仓郡的志愿军司令部，彭德怀主持召开了作战会议。战役计划以第20兵团的5个军，即第67、68、60、54、21军在第9兵团的第24军配合下，在金城以南西起牙沈里东到北汉江间22公里地段上实施进攻。以拉直金城以南战线，歼灭当面南朝鲜军4个师的8个团另1个营为战役目的。7月上旬完成战役准备，7月10日前后发起进攻。

【同期声】时任炮兵第 21 师第 201 团组织干事　王瑛（82 岁）

铁原那是北朝鲜一个比较重要的地方，它（南朝鲜）占了。特别是在金城这个地方，叫金化，金城属于金化郡，突出来一块了，对我们非常不利。所以志愿军总部下了命令，要把这个线给拉直，停战之前把这一块削掉，咱们抢过来。

【解说】

7 月 13 日夜，志愿军 1100 余门火炮在一片沉寂中突然爆发，划亮了朝鲜夏日的夜空。炮弹雨点般落在东起北汉江，西至牙沈里，22 公里的敌军阵地上，不到半小时，向南朝鲜首都师、第 3 师、第 6 师、第 8 师阵地上整整倾泻了一千九百吨炮弹。这是志愿军在抗美援朝中规模最大的一次炮火准备，也是志愿军第一次占据了战役地面火力优势。猛烈的炮击摧毁了敌人大部分的野战工事。

【同期声】时任炮兵第 21 师第 201 团组织干事　王瑛（82 岁）

发射的时候，阵地一片红，天上全部是亮的，因为它（火箭炮）是 16 发炮弹，拿摇把一扭，一个个从道轨上下全出去了。全团 24 门炮，一门炮是 16 发，算算这一下子，这是很短的时间，多少炮弹出去了。

【解说】

随后，第 20 兵团司令员杨勇、政委王平指挥 5 个军，在第 24 军配合下，向金城地区南朝鲜军发起了排山倒海般的猛攻。志愿军突击部队只用了不到 1 个小时，就全部突破了南朝鲜军 4 个师的前沿阵地，随即开始向敌纵深穿插攻击。其中，第 68 军的一支小分队打出了经典的一战。

【同期声】时任炮兵第 21 师第 201 团组织干事　王瑛（82 岁）

这里面有南朝鲜军的很多主力部队，其中有一个就是首都师，首都师里面就有一个白虎团。

【同期声】时任志愿军司令部电台队队长　杨雨田（83 岁）

杨育才这个战斗英雄，带着 12 个人，绕到它背后，插到白虎团的团部，把它团部给打得稀巴烂。

【同期声】时任炮兵第 21 师第 201 团组织干事　王瑛（82 岁）

这个白虎团就是京剧里面讲的那个"奇袭白虎团"，就是这个地方。

【解说】

现代京剧《奇袭白虎团》在上世纪六、七十年代曾经家喻户晓，风靡一时。剧中以志愿军第 203 师第 607 团侦察排副排长杨育才为原型的英雄人物形象成为那个时代的偶像。

【同期声】《奇袭白虎团》片段

为了严惩敌人，上级决定，明天佛晓全线发起大反击，我们要把金城一线的敌人包围起来，给他个狠狠的打击。朝鲜人民军在这里，我中国人民志愿军在这里，双方密切配合。命你带领尖刀班化装成美、李军，完成捣毁"白虎团"指挥部的任务。

是！

【解说】

金城战役中，杨育才率领 12 名侦察兵组成的小分队，成功突袭了

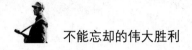

"白虎团"指挥部。

【同期声】时任第68军203师司令部侦察科长　冯锁林（85岁）

装备用的敌人的卡宾枪，都换了敌人的服装。杨育才同志，他个儿比较高一点，鼻子比较大一点，就化装这个美国顾问。

【解说】

在伪装的身份下，小分队一路前行。行进中，杨育才忽然发现，队伍中多了一个人。

【同期声】时任第68军203师司令部侦察科长　冯锁林（85岁）

他是个伪军，他也闹不清是谁的部队，就是看着我们这个穿插班往回退是吧，往南走，他认为是撤退。他这个兵呢，就跟着这个部队。

【同期声】《奇袭白虎团》片段

别动！

唉……，长官，都是自己人，这是干什么？

谁跟你是自己人，我们是中国人民志愿军。

唉哟，我的妈呀！

【解说】

杨育才从俘虏的口中得知了敌军当晚的口令，小分队利用口令一路冒雨涉险，巧妙地通过了敌人的数道岗卡，当他们就要到达"白虎团"团部驻地的时候。突然遇见了一小股回援的敌人，杨育才果断下令攻击。

【同期声】时任第 68 军 203 师司令部侦察科长　冯锁林（85 岁）

在这个时候他们组织了一个战斗小组，用苏式手雷和冲锋枪，就把敌人这个战斗部队，给它打乱了，进入到二青洞敌人这个白虎团团部。

【解说】

敌人对突发状况毫无准备，杨育才和战友们先发制敌，突然开火，短短几十秒，白虎团团部几十名官兵中就倒下了一大半。小分队仅用 13 分钟就全部结束了战斗，共毙敌 97 人，俘虏 19 人，只有个别敌人趁乱而逃。撤离时，杨育才看到会议室墙边挂着一面绣着一只白色虎头的旗帜。当时的杨育才虽然并不知道这就是"白虎团"的团旗，但他还是将这面旗帜作为包裹其他战利品的工具一并带走了。"白虎团"团旗就这样在不经意间成了志愿军的战利品。

接着，他们又配合兄弟部队趁黑夜堵截溃退之敌，歼灭"白虎团"附近的一个美军炮兵营和赶来增援的首都师机甲团一个营。小分队有力地配合了师主力的正面进攻，对全歼白虎团起到了重大作用。

战后经过战场统计，杨育才带领的小分队在 1 个多小时内毙敌 223 人，而自己竟无一伤亡，创造了特种战史上的奇迹。

为表彰杨育才率领侦察班歼灭南朝鲜王牌军"白虎团"的功绩，中国人民志愿军领导机关为他记特等功，授予"一级战斗英雄"称号，侦察班荣立集体特等功。朝鲜民主主义人民共和国最高人民会议常任委员会授予杨育才"朝鲜民主主义人民共和国英雄"称号和金星奖章、一级国旗勋章。

在整整激战了一夜后，第 20 兵团司令员杨勇作了一个大胆而英明的决定："打破常规，白天进攻！"。7 月 14 日白天，在雨雾浓重的天气掩护下，第 20 兵团东、中、西三个攻击集团同时进攻，经过 21 小时的浴血奋战，金城以南之敌全部被肃清，南朝鲜守军四个师遭到毁灭性打击，活捉首都师副师长林益醇。至 14 日晚，志愿军在"联合国军"构筑两年之久的现代化防御阵地内推进了 9.5 公里，这是战争双方在阵地战阶段推进的最高记录。第 24 军也按预定计划全部攻占了注字洞南山、杏亭西山、424.2 高地，有力地保障了第 20 兵团右翼安全。

为扩大战果，第 20 兵团以主力控制已占阵地，以部分兵力继续向南发展推进。战至 16 日，东集团又向南推进了 9 公里，中、西集团也向南推进了 1 至 2 公里。志愿军第 46、第 1、第 23、第 16 军和人民军各军团，积极组织进攻，有力地配合了金城方向的作战。7 月 27 日，金城战役胜利结束。

金城战役是抗美援朝战争的最后一仗，也是志愿军对坚固设防之敌实施的规模最大的一次进攻战役。此次战役，志愿军共歼敌 7.8 万余人，向南扩展阵地 192.6 平方公里，拉直了战线，使中朝方面在停战后处于十分主动的有利态势。

【同期声】时任彭德怀军事秘书　杨凤安（89 岁）

我们本来预计歼灭他一万五，超过了五倍，超过 7 万多人。他们就老实了，李承晚也老实了，再不叫嚣他要单独干了。

【同期声】时为第 54 军第 134 师报务员　邹达开（80 岁）

这一仗打下来，美国的谈判代表在板门店就非常着急，就看你们中朝方面还有什么条件，现在签字停战。

【同期声】时任彭德怀军事秘书　杨凤安（89 岁）

我们提出分界线在哪儿哪儿，是是是，好好，我同意，提出什么来都同意，说李承晚我们保证他不再发难。

【解说】

金城战役的伟大的胜利，最终促成了停战的实现。两易会场，五次中断，共开 58 次双方代表团大会，733 次各种小会，历时 747 天，世界军事史上罕见的漫长停战谈判，终于画上了句号。1953 年 7 月 27 日，朝鲜停战协定签字仪式在板门店举行。

【同期声】《板门店谈判》作者　赵勇田（88 岁）

在 1953 年 7 月 27 号来签字的时候，国外的一些记者突然看到，原定是在一个账篷里面签字，但是在一夜之间搭了一个停战签字的大房子，叫签字大厅。为了修建这个大厅，当时志愿军的战士，主要是工兵战士，在一个月之前就做好准备，把这个木料、铁板都准备好，在一夜之间给它一个突然的行动。

【同期声】时为志愿军开城代表团遣俘委员会对外联络科英语联络员　孙振皋

（83 岁）

一个签字大厅面积相当的大，这个照片都有，很快就盖起来，美国人很吃惊。

【解说】

上午 10 时，朝中代表团首席代表南日和"联合国军"代表团首席代表哈里逊进入签字大厅，并分别在 9 本停战协定上签字。随后，朝鲜人民军最高司令官金日成在平壤签字、中国人民志愿军司令员彭德怀在开城签字、"联合国军"总司令克拉克在汶山签字。

克拉克在签字后感慨地说："我获得了一项不值得羡慕的荣誉。那就是我成了历史上签订没有胜利的停战条约的第一位美国陆军司令官。"

【同期声】时为志愿军装甲兵指挥所机要科译电员　方祖岐（78 岁）

美国人什么时候打过败仗？美国人什么时候都是以胜利者的姿态面对世界，这可能是美国人以没有胜利的姿态面对世界的第一次。

【解说】

签字后，彭德怀留下了一句令国人为之振奋的名言："帝国主义在东方架起几门大炮就可以征服一个国家一个民族的历史一去不复返了！"

【同期声】时任彭德怀军事秘书　杨凤安（89 岁）

抗美援朝战争的胜利，我们打出了国威、军威，打破了美国军队不可战胜的神话，也洗刷了我们中华民族百年来的耻辱。清朝的时候八国联军打到北京，抗美援朝我们打败了 16 个国家的军队，所以抗美援朝的胜利，也是中华民族的骄傲与自豪。

1953 年 8 月 14 日朝鲜人民军最高司令部和中国人民志愿军司令部发表战绩公报：自 1950 年 6 月 25 日至 1953 年 7 月 27 日，朝鲜人民军和中国人民志愿军共毙伤俘敌军 109. 3 万余人，其中美军 39. 7 万余人，南朝鲜军 66. 7 万余人，英、法等其他国家军队 2. 9 万余人。

抗美援朝战争是新中国历史上被迫进行的第一场战争，也成了新中国的立国之战。这场战争不但帮助朝鲜人民保卫了朝鲜民主主义人民共和国，保卫了中国大陆的安全，而且也为新中国的巩固、建设和发展奠定了强有力的基础。

停战协定即将于 7 月 27 日签字当晚的 22 时正式生效，战地记者烘炉、摄影师李振羽立即分头赶往前沿阵地进行采访拍摄。

【同期声】时为第23军《战地报》记者　洪炉（82岁）

快到天黑的时候，接近前沿阵地了，那个时候，炮弹、敌人的飞机炸弹像狂风暴雨一样。

【同期声】时为北京电影制片厂新闻摄影队摄影师　李振羽（84岁）

在10点钟以前，所有炮都没有规律地乱打，就把炮弹都打出去。

【同期声】时为第23军《战地报》记者　洪炉（82岁）

他要在停火以前把炮弹都打光，美国钢铁多，他打光了就用不着往回拉。

【同期声】时为北京电影制片厂新闻摄影队摄影师　李振羽（84岁）

我们几个跑到一个隐蔽洞里，在那儿趴着，趴了两三个小时，那次是特别危险。我们说，打仗的时候没死，这个时候要是死了，真冤枉。

【同期声】时为第23军《战地报》记者　洪炉（82岁）

就在那个时候，很多人就过不了这一关啊！

【解说】

就在他们冒着最后的炮火赶到前沿阵地时，历史性的一刻到来了。

【同期声】时任第1军第1师司令部作战科副科长　信春林（90岁）

在这个一瞬间的天空打了几发信号弹，有红的，有绿的，有黄的，一打信号弹的时候，这就是停火的信号。

【同期声】时为第 23 军《战地报》记者　洪炉（82 岁）

在那个时间到以前，外头是一片火海、爆炸。一到时间，鸦雀无声，什么声音都没有了。我们在（坑道）里头连气都不敢喘，好像气喘大了就要影响停战似的。听到外头敌人阵地上有声音了，我们就悄悄地出来看，一看美国阵地架起篝火，美国兵就围着火堆又唱又跳，高兴坏了。

【同期声】时为志愿军装甲兵指挥所机要科译电员　方祖歧（78 岁）

他们还到我们阵地上，邀请我们去联欢，去参加他们的庆祝活动。

【同期声】时任第 1 军军政治部干事　庞玉安（87 岁）

这两个兵当时就跑到我们阵地这边来了。我们对他也很客气，我们有葡萄酒，就送给他喝了。当时就是说不打仗了，特别高兴，准备回家了，跟亲人见面了。也不管什么军容不军容，把衣服都脱了，光着膀子过来了。

【同期声】时任第 1 军军政治部干事　庞玉安（87 岁）

和平到来也是不容易，不管我们也好，敌人也好，对和平是非常渴望的。

【解说】

在原本距敌阵地仅 16 米的 1211 高地，摄影师李振羽抓拍下了这难得一见的颇具戏剧性的生动场面。

【同期声】时为北京电影制片厂新闻摄影队摄影师　李振羽（84 岁）

就不是敌人了，就不打仗了，不是枪对枪地打了。要不然的话，整个那个地方，就 16 公尺，你一露面他就给你一枪，他一露面，你就给他一枪，所以呢，那个地方是特别危险的一个地方。

【同期声】时任第 16 军第 47 师第 141 团团长　朱敦法（86 岁）

他们的一些士兵从工事里跳出来，高兴鼓舞。中间有一个小河，他们（美军）下去以后都去洗澡，咱们一个营的战士也跳进去和他们一块洗澡。

【同期声】时任第 16 军作战科长　高涨（92 岁）

到处都是晒的被子什么，装备都拿出来晒晒，那被子潮湿的，在坑道里面都是潮的。他（美军）喜欢我们的大中华，就给他大中华、食品，他们就很高兴。

【同期声】时为第 23 军《战地报》记者　洪炉（82 岁）

本子里头夹的彩色照片撕下来，颐和园风景、天安门，给他们。他们给开罐头的小刀，各式各样的，也有骆驼牌烟，大家交换礼物。

【同期声】时任志愿军司令部电台队队长　杨雨田（83 岁）

看我们的一些装备，他说你们这些装备，意思就是说，你们只有这样的装备，就能把我们（打败），他感到不可理解。

【同期声】时为第 23 军《战地报》记者　洪炉（82 岁）

同时，我们阵地上也挂起大标语，主要的一条就是希望我们不要在

251

战场上再见，中文、英文都有。我们又把那个标语在送给他们的礼物上面都写上，翻译也告诉他们，美国兵、中国兵都一致地在喊：我们不在战场上再见。

【解说】

　　朝鲜停战的第二天，平壤举行了有 11 万多人参加的盛大集会，人们用 12 门大炮鸣礼炮 24 响，欢呼庆祝这一历史性的伟大胜利。在平壤庆祝胜利的大会上，金日成说："中国人民志愿军在朝鲜战争中所建立的丰功伟绩，将同朝鲜美丽的山河一起万古长存。"朝鲜最高人民会议常任委员会发布命令：授予中国人民志愿军司令员彭德怀将军以"朝鲜民主主义人民共和国英雄"的光荣称号，并授予一级国旗勋章和金星勋章。世界各国爱好和平的领袖、人民团体、政治家等纷纷发来贺电，庆祝中朝人民取得的伟大胜利。

　　按照停战协定的规定，在停战协定生效后的 72 小时内，双方自确定的军事分界线后退 2 公里，以建立作为缓冲区的非军事区。朝中军队严格地遵守着停战协定，迅速地进行了撤出非军事区的准备工作，在指定的时间内全部撤出了非军事区。

　　朝鲜实现停战以后，中国人民志愿军在维护停战协定的同时，把帮助朝鲜人民医治战争创伤，重建民主朝鲜当成了自己的责任，志愿军指战员以高度的热情，积极参与着朝鲜的重建工作。掀起了帮助朝鲜人民生产建设的高潮。当年，在战场一起并肩作战的中朝两国人民，战后又像一家人一样投入到建设朝鲜的劳动中，

【同期声】时任第 1 军军政治部干事　庞玉安（87 岁）

　　那我们作为国际主义战士，我们要走了。我们要给朝鲜人民留下一

个很好的永久的友谊的纪念，我们帮他们做点实事。所以，当时就提出来了，能做多少做多少，尽量帮。

【解说】

在接近战区的许多地方，志愿军战士们协助回乡的朝鲜农民起出敌人埋下的地雷等爆炸物，帮助他们平整农田，不惜付出生命的代价，只为了朝鲜人民能够尽快地恢复生产，安居乐业。

【同期声】时任第 54 军第 134 师侦察科参谋　王廷胜（82 岁）

一个是扫雷，把地雷要扫清，让他来种地。我们这个师在江原山地区牺牲了好几个人，就是工兵在扫雷过程中，就是为了他们耕种地。

【解说】

今天的平壤，市内处处是苍松翠柏，风景优美，被称为花园城市，这座城市很多基础建设都有中国志愿军的足迹和功劳。

【同期声】时任第 21 军政治部副主任　姜林东（95 岁）

那个时候朝鲜人民首先最需要的是有地方住，我们就帮助老百姓建，这样使老百姓有个安身之处。

【同期声】时任第 1 军军政治部干事　庞玉安（87 岁）

帮助孩子盖学校，帮助他们修房子，帮助他们搞春耕，帮助他们修水库，未来他们要生活，所以这一块都相当困难，那个时候我们部队就出手帮助。

【解说】

宅庵农场，是朝鲜的模范农场，记录着朝中两国人民的深厚友谊。朝鲜是以生产水稻为主的国家，战后，志愿军指战员们帮助朝鲜人民突击修复了被敌人破坏的见龙、泰川等八个水库，并修建了平南灌溉工程、胜湖里灌溉工程等大型水利设施，使朝鲜的农业很快得到恢复。

【同期声】时为第 1 军第 7 师师部侦察科英语翻译　弥生泉（79 岁）

把水库修好，老百姓稻田也搞得很好。还有一个农场，金日成在那视察过，那个农场给他恢复建设搞得很好，老百姓很感谢。

【解说】

志愿军在战后的五年多时间内，共帮助朝鲜人民修建公共场所八百八十一座，民房四万五千多间；修建堤坝四千零九十六条，全长近四百三十公里；修建大小水渠二千二百九十五条，长达一千二百多公里；植树三千六百多万棵，运送各种物资六万三千多吨；恢复和新建各种桥梁四千二百六十座；志愿军铁道部队仅用 3 个月就帮助朝鲜铁路员工迅速地全部恢复了朝鲜北部原有铁路线。

志愿军战士们将朝鲜人民的事情看作自己的事情，并如同在国内一样，爱护着朝鲜的一山一水一草一木，严格遵守着政治纪律和群众纪律，不拿朝鲜人民的一针一线。

【同期声】时为第 1 军文工团创作组组长　何晋龄（85 岁）

我们志愿军发扬我们人民军队的传统，毛主席提出爱护朝鲜的一山一水一草一木，所以我们像在国内一样，很注意军民关系，很注意关心当地的老百姓。

【同期声】时为第 1 军第 7 师师部侦察科英语翻译　弥生泉（79 岁）

我们自己修营房，自己打石头，木料都是用咱们的，不能用朝鲜的木料，从国内运去的。

【同期声】时为第 16 军第 46 师第 138 团 3 营教导　赵康泰（85 岁）

三大纪律、八项注意执行得相当好，咱们吃的，穿的、用的，完全从国内运输的。

【解说】

志愿军无私的精神和严明的纪律，让朝鲜政府和朝鲜人民深受感动，获得无比尊敬和爱戴，热情称赞志愿军是"仁义之师"，是"爱护朝鲜群众的好军队"，是"毛主席教育出来的好战士"。

【同期声】时任第 54 军第 134 师侦察科参谋　王廷胜（82 岁）

朝鲜人民对志愿军就像对他自己军队一样，不管你白天夜间，一到这里，需要住房子，人家就把门一开，就住上，确确实实非常好。

【同期声】时为第 54 军第 134 师报务员　邹达开（80 岁）

给我印象最深的，有一天晚上我们睡觉，当时是天气寒冷，朝鲜老大娘给我们查铺，给我们盖被子，跟我们自己的妈妈一样。所以，朝鲜人民对志愿军的深厚友情可以看出来，她就像对待自己的孩子一样对待中国人民志愿军。

【同期声】时任第 1 军第 7 师第 21 团政治处干事　张续（82 岁）

一到过年过节把我们请去，和中国习惯一样，非常热情。

【解说】

在中国人民志愿军第 1 军军部驻地附近，住着一对朝鲜老人，他们的儿子牺牲在朝鲜战争中。在部队驻扎在此的三、四年间，志愿军战士们像亲人一样照顾着这对朝鲜老人。

【同期声】时为第 1 军文工团创作组组长　何晋龄（84 岁）

那我们警卫连战士就经常帮他挑水，清扫院子，特别是战后可以自己种点菜的时候，给他送一些菜啊，对他的生活经常照顾。

【解说】

虽然一直没有过多的交流，但这对朝鲜老人早已把志愿军战士当作了自己的家人，当得知志愿军即将撤离朝鲜时，这对朝鲜老人只能用自己的方式表达着依依不舍。

【同期声】时为第 1 军文工团创作组组长　何晋龄（84 岁）

我经常看到老两口经常坐在桥边上看着营房，可以一坐坐一两个小时。因为我们语言不太通，我们简单地说两句可以，更多的交流也没有。他也知道部队的事情很多，他也不愿意打扰我们，但是他不愿意让我们走。

【解说】

朝鲜停战以后，朝中政府多次发表声明，主张从朝鲜撤出一切外国军队，和平解决朝鲜问题。1954 年 9 月至 1955 年 10 月间，志愿军先后分 3 批主动公开从朝鲜撤出 19 个师的部队，这一行动得到了朝鲜人民的一致拥护和国际舆论的普遍赞赏。为了表明维护和平、促进朝鲜问题和平解决的诚意，1958 年 2 月 19 日，在朝鲜访问的周恩来总理与金日成首相代表中朝两国政府发表联合声明，向全世界宣告："中国人民志愿军于 1958 年年底以前分批全部撤离朝鲜"

2 月 20 日，志愿军总部发表公报，宣布了志愿军将于年底以前分 3 批全部撤出朝鲜的具体步骤。并要求各部队在撤出朝鲜之前，将所有自己新建的营房，全部无偿交给朝鲜人民军。

【同期声】时为第 1 军第 7 师师部侦察科英语翻译　弥牛泉（79 岁）

当时我们的这个营房，要无代价的，除了装备以外，其他东西都全部要交给朝鲜，要完整地交给朝鲜，要美化营区。

【同期声】时任第 1 军第 7 师第 21 团政治处干事　张续（82 岁）

因为那个泥巴路一下雨就不好走啊，用石板房前屋后的都铺上，营房那个里面全部粉刷好。

【同期声】时任第 1 军军政治部干事　庞玉安（87 岁）

大家想办法，叫他们来了以后能吃能住，火能烧上，就捡柴火，把灶都准备好，干柴烈火都放好，你只要拿火柴一点，来了以后就可以做饭吃，就想到这个份上。

【解说】

1958 年 3 月 15 日，志愿军首批撤离部队按计划开始撤出朝鲜回国。临别之际，中朝人民之间的深情体现得淋漓尽致。

【同期声】时为第 1 军第 7 师师部侦察科英语翻译　弥生泉（79 岁）

老百姓知道志愿军要走，他不知道什么时候要走，从晚上他就在营房附近就等着，要送。

【同期声】时为第1军第2师第6团1营文书　赵楼生（74岁）

都拉着我们，枪啊，背包都抢着背。走走就跳舞，跳朝鲜舞，跳跳就哭开了，在你身上哭啊，这一路走就这样。一个苹果塞半天塞到你兜里，一个鸡蛋，现在快看一个苹果没多大，一个鸡蛋算啥，在当时朝鲜老百姓讲，在那种艰苦情况下，可以这样说，那一个鸡蛋，能顶现在最少两千块钱。

【解说】

这一幕幕感人至深的送别场景，也深深地感染着在场的摄影师们。

【同期声】时为北京电影制片厂新闻摄影队摄影师　李振羽（84岁）

那个时候心里就顾不上吃饭，哪顾得上吃饭，抢镜头去。志愿军要走了，老百姓在那欢送，哭哭啼啼的，我们哪有心思吃饭。最感人的那些镜头我没有放掉，全给记录下了。

【同期声】新影当年纪录片片段

来，先喝碗甜酒吧，这碗酒是为亲人饯行。前来送行的乡亲们准备了许多纪念品，送给亲人志愿军。具富力把结婚时的戒指送给志愿军战士，请把这套小孩衣服带给中国孩子。我的朝鲜姐妹，我的亲人，当我被敌人的枪弹射中，是你们把鲜血输进我的身上，给了我第二次生命。让我们再叫你一声"阿玛尼"，妈妈！志愿军同志，可还记得一次敌机轰炸，是你闯进火海救出一个小姑娘，那就是我呀，如今已长大成人。

【同期声】时为北京电影制片厂新闻摄影队摄影师　李振羽（84岁）

撤军的时候，很多感人的镜头，而且都是有名有姓的。这个老太太叫具富力，在战争的时候，她照顾志愿军。就是从上甘岭受伤的战士下来得有人护送，她就不吃不喝地护送志愿军撤下来的伤员，她把好吃的，都给了志愿军吃，她自己宁可挨饿。撤军的时候我专门拍了她的镜头。

【解说】

在志愿军首批撤离部队撤出的这一天，平壤全城到处飘扬着朝中两国国旗。平壤车站广场上，志愿军撤离部队受到了朝鲜数十万群众的热情欢送。

【同期声】八一厂当年纪录片片段

把名字写在小本儿里，把友情印在心坎儿上。老大爷把250年的传家宝送给了志愿军。他说，但愿我的葫芦能带给中国人民吉祥如意！

【解说】

1958年10月25日，是中国人民志愿军抗美援朝八周年纪念日，也是最后一批志愿军撤离的日子。金日成等朝鲜党政领导人全部前来送行。志愿军最后一任司令员杨勇在车站广场向朝鲜人民致告别词时说："现在，中国人民志愿军全部撤出朝鲜了。我们用实际行动向全世界有力地说明了中朝两国人民对于维护和平、促进朝鲜问题和平解决的真诚愿望。"中午12时，在《中国人民志愿军战歌》声中，列车徐徐开动。从1950年10月25日，揭开中国人民志愿军第一次战役的序幕，整整八年后的同一天，中国人民志愿军载誉而归。

1958 年 10 月 26 日，志愿军总部向全世界郑重公报：中国人民志愿军已全部撤离朝鲜，兑现了自己的承诺。

伟大祖国以无限的热情迎接凯旋的英雄儿女。周恩来亲自到北京前门火车站迎接，并指挥陈毅元帅和许多老将军们唱起志愿军战歌。他握住杨勇的手说："欢迎胜利凯旋的英雄们！"

天安门广场集合起 20 万欢迎群众，欢迎最可爱的人胜利归国。杨勇站在第一辆敞篷红旗轿车上，缓缓驶过金水桥，驶向体育馆。在归国大会上，首都人民将巨幅锦旗送给志愿军代表团。旗上写着："你们打败了敌人，帮助了朋友，保卫了祖国，拯救了和平，你们的勋名万古存！"

八年前，毛泽东主席曾在这里决策出兵，今天，他又在这里亲切接见志愿军代表。毛泽东在见到志愿军司令员杨勇和政治委员王平的第一句话是："都回来了吗？"杨勇说："我们全部回到祖国的怀抱。"毛泽东对志愿军工作给予了充分肯定。他说"中国人民志愿军在抗美援朝保家卫国的运动中，为祖国人民赢得了荣誉。为维护世界和平做出了贡献，值得全国人民学习。"

周恩来总理举杯祝酒：我代表毛主席和党中央，代表政府和全国人民感谢你们。那天，周总理连饮了 37 杯茅台酒庆贺胜利，欣慰之情溢于言表。中国人民志愿军卓越地完成了祖国人民所赋予的关荣使命，他们所建立的丰功伟绩将永远与日月争辉。

抗美援朝战争是新中国历史上被迫进行的第一场战争，也成了新中国的立国之战。这场战争的胜利，粉碎了美国妄图干涉朝鲜内政、吞并朝鲜的企图，保卫了朝鲜民主主义人民共和国的独立；捍卫了新中国的安全，保障了新中国经济恢复和建设工作的顺利进行；增强了中国人民的民族自尊心，打出了中国的国威和军威，提高了新中国的国际地位；使中国军队取得了以劣势装备战胜现代化装备的敌人的宝贵经验，加速了人民军队的建设。抗美援朝战争的胜利有力地向世人证明了一个真理，就是毛泽东主席所说的："外国帝国主义欺负中国人民的时代，已由中华人民共和国的成立而永远宣告结束了。"

第十二集　中华好儿女

导语

　　丹东市，地处辽宁省东南部，与朝鲜民主主义人民共和国隔江相望，是个经历了抗美援朝战火洗礼的英雄城市。在这座城市中，前后修建了许多抗美援朝烈士陵园，其中，规模最大的当属元宝区烈士陵园。这里安葬着 687 位在抗美援朝中牺牲的烈士。其中第 50 军著名的战斗英雄王长贵就安葬在此。

　　时任第 50 军医疗队队长　曹宪治（87 岁）：王长贵是云南人，在解放成都战役的时候，立了大功。1950 年全国英模大会，毛主席、周总理、朱总司令都亲自接见他们，老英雄了。

　　时任第 50 军 149 师第 445 团 1 营教导员　林家保（86 岁）：王长贵用刺刀去撬敌人的坦克盖，坦克盖一撬开，敌人动作快，手榴弹还没等扯，一梭子出来，正好打到我们战斗英雄的胸部，王长贵就那么牺牲的。

　　曹宪治，抗美援朝时期任第 50 军医疗队队长，今年已经 87 岁高龄了。离休后，他常年居住在丹东市，每逢清明时节，他都会来到这里，看望王长贵和其他长眠于此的战友们，几十年如一日。

【解说】

　　位于丹东市的抗美援朝战争纪念馆，是中国唯——座全面反映抗美援朝战争的专题纪念馆，始建于 1958 年。在其英雄模范烈士馆展厅的墙上，悬挂着在抗美援朝战争中涌现出的 2 名特级英雄、50 名一级英雄，以及在抗美援朝中牺牲的烈士名册。他们中间的大部分人在牺牲时尚不满 30 岁，正值青春年华。至今，在这座纪念馆中还保存着几十份尚未发出的烈士证。其中，年龄最小的仅有 17 岁。

　　沈阳抗美援朝烈士陵园，始建于 1951 年初，按照当时的规定，只有"中国人民志愿军、解放军及其他直接在朝参加抗美援朝战争之团以上干部，或由军之领导机关批准的特等英模牺牲病故者"才能入园安葬，规格之高可见一斑。而在抗美援朝中牺牲的四位军级领导里就有三位长眠于此，他们分别是：第 39 军副军长吴国璋、第 23 军参谋长饶惠谭、第 50 军副军长蔡正国。

　　1951 年 10 月 6 日，第 39 军副军长吴国璋在志愿军司令部开完会返回军部的途中，于平壤东北的成川郡附近突然遭到敌机空袭。吴国璋左肋处中弹，不幸牺牲，年仅 32 岁，是朝鲜战场上牺牲的最年轻的副军级干部。吴国璋牺牲后，第 39 军军长吴信泉，亲自将这位红军时期就共同战斗的亲密战友送回国内安葬。

　　1953 年 3 月 20 日凌晨，第 23 军参谋长饶惠谭在召集生病的警卫员进防空洞的途中遭遇敌机轰炸，不幸牺牲，时年 38 岁。

在饶惠潭牺牲仅仅 22 天后的 4 月 12 日晚，第 50 军代理军长蔡正国正在军部主持召开军事会议，晚 9 时 40 分左右，夜空中突然响起了敌机的轰鸣声。

【同期声】时任第 50 军司令部作战参谋　郑竹书（91 岁）

炸弹下来那个声音，嘘嘘嘘嘘，摩擦空气那个声音，我赶快喊，赶快卧倒，我就那么喊了一声，嘭的一声，我也不知道怎么回事，就昏过去了。

半个多小时醒来以后，浑身是土盖着，我还本能地伸出手来摸呀，从这个脚摸起，摸到头上，这头上水叽叽的，头上出了点血。我想我还活着，赶紧伸手，右边是军长，这边是科长，一摸军长没有了。

【解说】

四溅的弹片击中了蔡正国和他身后的作战处处长。蔡正国的头上和胸部多处中弹，由于失血过多，当晚 10 时，蔡正国心脏停止了跳动，时年 44 岁。

【同期声】时任第 50 军司令部作战参谋　郑竹书（91 岁）

军长身上一口袋里面，装了一个小本，湿淋淋的。我摸出来揣着，到天亮的时候，到坑道口一看，蔡正国的党证，后来这个党证。我装着，一直装到我回国以后，在双城交给他爱人。

【解说】

第 50 军军部被炸事件，是志愿军入朝作战 3 年以来较为严重的事件之一。

【同期声】时任第 50 军医疗队队长　曹宪治（87 岁）

毛主席看了电报以后，非常沉重，最后说了一句话，蔡正国，蔡正国，为国殉国，就说了这句话。彭德怀也知道了蔡正国牺牲了以后，非常非常叹息。难得的将军啊，我们选人是选对了，选他到 50 军来，是选对了干部。

【解说】

沈阳抗美援朝烈士陵园中共安葬有 123 位志愿军烈士。他们大多是 1951 年 5 月至 1955 年年底，从朝鲜战场上运至沈阳的。其中，邱少云和黄继光名字赫然在列。

1952 年 10 月，为了配合上甘岭战役，邱少云所在的部队奉命夺取金化以西"敌军"的前哨阵地 391 高地。第 44 师师长向守志为了缩短冲击距离，增加攻击的突然性，在大部队进攻的前一晚，将一支小部队潜伏在敌人阵地前沿的草丛中，以待次日傍晚发起突袭。

【同期声】时任第 15 军第 44 师师长　向守志（96 岁）

那么战前我们就规定了严格的纪律，任何人在任何情况下，就是打伤了也好，打牺牲也好，都不能动的。

【解说】

邱少云，四川铜梁县人，九岁丧父、十一岁丧母。他性格朴实内向，沉默寡言，临上战场前，邱少云立下了誓言，谁英雄，谁好汉，战场上比比看。1952 年 10 月 11 日夜，邱少云和 400 多名战友一起，潜伏在了深深的蒿草中。

【同期声】时任第 15 军第 44 师师长　向守志（96 岁）

　　是一步险棋，但是也是一着高招。为什么说是一步险棋呢？你四百多人潜伏在那个平原地方，万一要暴露目标，那我当师长的人还在呀？脑袋也没有了，那是非常危险的。

【解说】

　　第二天天亮后，敌人开始盲目地向其阵地周围进行试探性射击，并间歇性发射各种炮弹。其间，我军潜伏区部队中虽然有人负伤，但却始终没有暴露目标。

【同期声】时任第 15 军第 44 师师长　向守志（96 岁）

　　邱少云就是潜伏当中，被敌人的燃烧弹打中了，打着了他的伪装，烧着了他的伪装，烧着了他的衣服以后呢，邱少云始终不动，是活活地被烈火烧死了。

【解说】

　　邱少云以年仅 26 岁的生命，换取了潜伏部队的安全。为攻击任务的顺利完成赢得了宝贵的时间。下午 5 时 40 分，在潜伏了 19 个小时以后，邱少云的战友们向敌人发起了冲锋。

【同期声】时任第 15 军第 44 师师长　向守志（96 岁）

　　五分钟的炮火准备，十八分钟解决战斗，歼灭敌人一个加强连，毙伤俘敌一百七十多人。

【解说】

　　战后，团里为邱少云报了二等功。层层上报到志愿军政治部后，首长决定为邱少云记特等功，授一级战斗英雄称号。而为邱少云两次报功的经过，也引起了新华社随军记者郑大藩的注意。

【同期声】时任第 15 军第 44 师文工队创作员　崔怀德（81 岁）

　　郑大藩深入到连队去采访，给新华社写一篇稿子，就是《伟大的战士邱少云》，写了以后，寄到志愿军总部，社长看了以后很感动，他也在这个稿子的基础上又写了一篇稿子，完了发回国内，一下在全国把他公开了。

【解说】

　　在当时，立二等功的烈士与牺牲的战士一样，被集中安葬在朝鲜，改授之后，部队的相关人员查看烈士墓的砖记，找到了邱少云的遗体，并为他换上了新衣。1953 年经中共中央批准，邱少云的遗体被送回了沈阳。

　　与邱少云的遗体同时送往沈阳的还有黄继光的遗体，在邱少云牺牲 7 天之后，21 岁的黄继光在上甘岭战役中献出了自己年轻的生命。由于地势偏远，在黄继光牺牲三个月后，他的母亲邓芳芝才得知了儿子牺牲的消息。

　　1953 年 3 月，四川省人民政府主席李井泉批准黄继光的家乡石马乡更名为继光乡。一个月后，黄继光的母亲邓芳芝受邀出席全国妇女大会，会上，毛泽东对她说："你牺牲了一个儿子，我也牺牲了一个"。会后，毛泽东还特意请她到中南海自己的家中做客，表达一个烈士的父亲对一位英雄母亲的敬意。一年之后，邓芳芝将黄继光的弟弟黄继恕又送到了朝鲜战场。

【同期声】黄继光弟弟　黄继恕（80岁）

把我送到部队去，就是发扬黄继光的这种荣誉，要世世代代人都要做这样的继承人。所以妈妈的思想非常开朗，把我送到部队去。

【解说】

1958年3月，在中国人民志愿军即将撤离朝鲜之时，黄继恕和哥哥生前的战友们来到了黄继光牺牲的地方向他告别，并带去了母亲的问候。

【同期声】黄继光弟弟　黄继恕（80岁）

朝鲜那个时候3月份还冷得很，我们都穿着棉衣，15军我们一起带着相机，叫我站在那里，拍了照。

【同期声】时为北京电影制片厂新闻摄影队摄影师　李振羽（84岁）

黄继恕到上甘岭去黄继光牺牲的那个地堡、堵枪眼那个地方，就跪下，跪下了以后呢，然后就拜，拿了一些土，开始找这些子弹壳，他告诉我，他说要给他妈妈带回去，他说，我妈妈让我在这种一棵树，我都把它拍下来了。

【解说】

桧仓郡，位于朝鲜民主主义共和国首都平壤东约100公里，中国人民志愿军司令部曾在此驻扎。1957年，中国人民志愿军和朝鲜当地群众在这个150米高的山腰上，共同建造了占地约9万平方米的志愿军烈士陵园，这也是朝鲜几十个志愿军烈士陵园中规模最大的一个，共有 134 名烈士长眠于此。

1958 年 10 月 21 日，志愿军最后一任司令员杨勇带领志愿军总部全体人员向长眠在此的志愿军烈士们作回国前的最后一次悼念。几天后，活着的人们"凯旋"了，而成千上万的中华儿女却永远地长眠在了朝鲜的土地上，其中就有毛泽东的儿子毛岸英。

1950 年 10 月 8 日，中南海决定出兵朝鲜的当天晚上，毛泽东设家宴为彭德怀饯行。席间，毛泽东亲自给毛岸英报名，参加志愿军。当时，毛泽东身边的人都不同意毛岸英去朝鲜，但毛泽东的回答是："谁叫他是毛泽东的儿子！"

就这样，毛岸英成为了中国人民志愿军的"第一个志愿兵"，任司令部办公室俄文翻译、机要秘书、作战处参谋。临行前，毛岸英来到了医院与妻子刘思齐告别。

【同期声】毛岸英之妻　刘思齐（83 岁）

急性阑尾炎，做的手术，在医院躺着，外面的事情都不知道。他最后到朝鲜去的时候，他去跟我告辞的时候，他也没有说要到朝鲜去，他就说他要出差，然后就说一下子收不到我的信或者有段时间收不到我的信别着急，因为交通不方便。

【解说】

在病床前陪伴了刘思齐整整两夜之后，毛岸英启程赴朝了。此时，毛岸英与刘思齐结婚还不足一年。

赵南起，时任志愿军司令部作战处参谋，在朝鲜，他与毛岸英朝夕相处了一个月零五天。六十多年过去了，但毛岸英牺牲时的场景，他依然记忆犹新。

【同期声】时任志愿军司令部作战参谋　赵南起（86岁）

上午10点左右吧，敌人飞机来了4架，扔了几十颗凝固汽油弹，一时间，彭总的两间房和作战处的三间房一下烧没了，整个地皮成了火海了。

【同期声】时任志愿军司令部作战参谋　赵南起（86岁）

烧焦了，认不出来啊。我估计这里面有一个是毛岸英，我想扒拉扒拉，手里面有表，烧焦了骨头还在啊，这就发现，毛岸英戴的是苏联表。

【解说】

毛岸英牺牲的消息传回北京，毛泽东强忍丧子之痛，缓缓地说："打仗总是要死人的。中国人民志愿军已经献出了那么多指战员的生命，他们的牺牲是光荣的。岸英是一个普通战士，不要因为是我的儿子，就当成一件大事。"在毛岸英的安葬选择上，毛泽东再一次体现出了一位伟大领袖的胸襟。

【同期声】时任志愿军司令部作战参谋　赵南起（86岁）

安葬在那儿有两种意见，一种意见是将毛岸英遗体一个送回国内安葬，一个是到桧仓那里安葬。最后请示到毛主席那儿，毛主席决定还是在朝鲜，志愿军牺牲了那么多人都安葬在朝鲜，异国他乡。毛岸英为什么把他运回来呢？和他们在一起不好吗？了不起啊，他不爱岸英吗？也不是。但是在他心目当中，都是中华儿女。

【解说】

对于毛岸英的牺牲，彭德怀曾经评价说："国难当头，挺身而出，这不是每个人都能做得到的。但毛岸英做到了，毛岸英是坚决请求到朝鲜抗美援朝的。"

从入朝参战到牺牲只有短短的 37 天，年仅 28 岁的毛岸英没有获得任何荣誉称号和奖章，但是，他和成千上万把生命留在朝鲜的志愿军战士一样，在这场"和平与正义"的战争中永垂青史。

在朝鲜民主主义人民共和国平安南道的成川郡，有一个村庄、有一条河流，有一座山都是以同一个志愿军战士的名字来命名的。也许，当地的人们有一天会忘记，那个村庄曾经叫石田里，那条河流曾经叫泥栎河，那座山曾经叫佛体洞山，但他们一定不会忘记这个志愿军战士，他的名字叫做罗盛教。

1952 年新年伊始，正值朝鲜半岛冰天雪地的时节。与自然气候相仿的是，朝鲜战争也进入了十分艰苦的相持阶段。罗盛教所在的中国人民志愿军第 47 军第 141 师奉命来到了平安南道成川郡一带，进行休整训练。

1 月 2 日早晨，与往常一样，罗盛教随所在连队例行出操，在训练结束返回营地的途中，突然听见远处传来了朝鲜少年的呼救声。

【同期声】时任第 47 军第 141 师第 423 团 2 营 6 连文化教员　吴大勇（80 岁）

朝鲜少年叫崔莹，他早上滑冰的时候，就一下子掉到冰窟窿里去了。我们侦察连的文书罗盛教，当时就一面跑一面脱衣服，就把衣服脱了，跳到冰窟窿里去救崔莹，托了几次，最后凭他全身的力气，把崔莹托出水面。

【解说】

崔莹获救了，罗盛教却献出了自己的生命，这一年他只有 21 岁。但由于种种原因，最初，罗盛教的牺牲被定义为非战斗减员，以事故论处。

【同期声】时任第 47 军第 141 师第 423 团 92 步兵炮连文书　郑强（78 岁）

当时部队进行传达，不准大家到冰上去溜冰，要吸取教训。后来崔莹的父母亲带着孩子到师部找领导去道谢，谢什么呢？就是儿子被志愿军救上来了，很感动。最后就把师部这个通报收回来，然后又发了另外一个通报，表扬罗盛教的英雄事迹。

【同期声】时任志愿军慰问团秘书　李瑛（86 岁）

当地老百姓把他抬起来，然后用温水给他洗了澡，擦了身上，用白布给他裹起来，按照朝鲜的风俗，就埋在他们家乡的那个小山上了。

【解说】

1952 年 2 月 4 日，新华社播发了本社记者戴煌发自朝鲜前线的通讯《不朽的国际主义战士》，报道了罗盛教舍身抢救落水朝鲜儿童的英雄事迹。

【同期声】时任志愿军慰问团秘书　李瑛（86 岁）

1952 年 10 月赴朝慰问团，就开始慰问到罗盛教的这个家乡去，到罗盛教救的崔莹的家乡去，开追悼会悼念他。

【解说】

　　1953 年 6 月，朝鲜民主主义人民共和国和最高人民会议常任委员会，分别授予罗盛教烈士"一级国旗勋章"和"一级战士荣誉勋章"。

　　在朝鲜安州铁道兵烈士陵园中，也安葬着一名罗盛教式的国际主义战士——史元厚，铁道兵某部警卫连战士，山东省长清县人。1953 年 12 月 1 日，一名朝鲜儿童滑冰不慎落入冰窟中，史元厚先后三次潜入水底，将儿童救出，他却因精疲力竭沉入水底。

　　1953 年 12 月 5 日，朝鲜平安南道安州郡人民及史元厚生前所在部队 3000 多人隆重举行追悼大会，将史元厚的遗体安葬在龙潭岭上。中国人民志愿军领导机关追认他为中国共产党党员，授予一等功臣、二级爱民模范称号。山东省人民政府在他的家乡长清县潘庄建起烈士纪念堂。

　　在抗美援朝的英雄谱上，还有一位特殊的"活烈士"，他是最早获得战斗英雄称号的人之一，后来的黄继光、邱云少等人都是学习他而做出英雄壮举的，这个人的名字叫作柴云振。

　　1951 年 5 月底，第五次战役已接近尾声，柴云振所在的第 15 军第 45 师接受任务，在芝浦里地区的朴达峰坚守 7 至 10 天的时间。在朴达峰阻击战的第 6 天，柴云振从第 45 师警卫工兵连被抽调补充到了第 134 团 8 连 7 班任班长。他的任务是带领全班夺回七连主峰阵地。

【同期声】时任第 15 军战场报记者　李天恩（84 岁）

　　柴云振，他带着三个战士，夺回两个被敌人占领的前沿阵地，消灭 200 个敌人，最后手榴弹也打光了，他和敌人抱在了一起以后，在地下打滚。美国人就抓了个石头，把他砸得头破血流，他本来啊，是要伸手抠敌人的眼睛，结果抠到敌人嘴里头去了。美国人一下子把他右手食指咬断了。

【解说】

此时，第 45 师增援部队赶到，将柴云振简单包扎后，转运下了阵地。柴云振被志愿军政治部授予特等功臣、一级战斗英雄称号。他所在部队成为了英雄部队，他所在八连也被评为"特功八连"。但此时的柴云振却神秘地失踪了，志愿军总部发给柴云振的英雄勋章无人领取，在朝鲜的军事博物馆展厅里，也挂起了英雄柴云振的"遗像"。

【同期声】时任第 15 军战场报记者　李大恩（84 岁）

30 年以后，总政通知我们，要给牺牲的英雄立传。我们 15 军组织处就开了二十多个名字。我说这些个人都是战地上都牺牲的，没问题，可以立传，有个人你可不要急着立传，是谁，柴云振，为什么呢？我曾经准备去采访他，他们说你别来了，人家抬下去了，回国了。

【解说】

此时，第 15 军老军长秦基伟亲自指示："必须千方百计找到柴云振"。为完成这一任务，第 15 军开始派出以李天恩为组长的寻访小组四处寻找柴云振的下落。

李天恩寄出了 40 多封信，等待了一个多月后，当年将柴云振包扎后背下战场的战士孙洪发回信，提供了一个重要线索，柴云振的籍贯是四川省。

【同期声】时任第 15 军战场报记者　李天恩（84 岁）

给四川省民政局写信询问，并在《四川日报》上刊登了"寻找特等功臣柴云正"的寻人启事。

【同期声】时任第 15 军第 45 师第 134 团 3 营 8 连 7 班班长　柴云振（86 岁）

我那个女婿，他在学校里教书。他说爸爸部队上找你，我说天下同名同姓的多了。他来做了三次工作，他说爸爸，管他是不是，你就先看看你的老部队嘛，老首长嘛。

【解说】

在家人的劝说和儿子的陪同下，柴云振回到了老部队。经过调查核实，英雄的身份得到了确认。三十多年过去了，老首长们与柴云振相拥而泣。向守志说："柴云振，我们找得你好苦啊！"不久，秦基伟还特意在北京的家中，宴请了柴云振。

【同期声】秦基伟的夫人　唐贤美

柴云振最终把他找到了，老秦就非常高兴。有一次，我记得 20 世纪 80 年代吧，柴云振来北京，好像是参加民政部的一个什么活动。老秦知道以后，就特地把他接到家里来，吃了个饭，就听他详细讲了讲他那次怎么战斗、怎么受伤的，然后又讲了他回农村，这么多年的生活情况。

【解说】

原来，朴达峰战役中柴云振身负重伤，几经辗转后送到了包头的一家医院。在住院一年后，他拿着三等乙级残废军人证书，在民政局领取了 1000 斤大米的复员费，回到了自己的家乡岳池。回乡后，他先后担任过大队长、乡长，公社党委副书记等职。30 多年里，柴云振默默地为党和人民辛勤工作，无私奉献，谁也不知道他是一位大英雄，包括他自己。

1984 年 10 月的一天，56 岁的柴云振，穿上了一身崭新的军装，领回了迟到 30 多年的勋章。第二年，柴云振随抗美援朝英雄代表团访问朝鲜，在朝鲜军事博物馆，柴云振请服务员将自己的"遗像"和事迹简介摘了下来。

柴云振无疑是幸运的，与其相比，许多无名英雄更值得人们尊重。蒋庆泉就是其中之一。1949 年 4 月，蒋庆泉进入通信班，做了步行机员。1952 年 9 月，蒋庆泉随第 23 军入朝。

1953 年 4 月 16 日，蒋庆泉所在的第 67 师第 201 团 5 连接到命令："攻占石岘洞北山，扼守阵地，组织炮火大量杀伤反击之敌。"

经过几番争夺，蒋庆泉所在连、排、班长全部牺牲，165 人组成的加强连，所剩无几。

【同期声】时任第 23 军第 67 师第 201 团步话机员　蒋庆泉（85 岁）

五连就报告营长，我们连干部，连排长全部牺牲，就剩我们几个人了，您看咋办。营长说也得组织人员，准备敌人反击呀。他说那可以呀，但是我们连个通信员都没有了，连步行机员都没有了，营长一回头，你留下吧，把我下放到五连来。

【解说】

在坚守了一天两夜后，蒋庆泉通过步话机报告，阵地上只剩下了 10 多个伤病员，2 把冲锋枪和不多的子弹，只能退入阵地的地堡中。随着美军越来越近，蒋庆泉呼唤炮火支援的落点也越来越近。

【同期声】时任第 23 军第 67 师第 201 团步话机员　蒋庆泉（85 岁）

就杀红眼了，没办法了，所以向我碉堡顶上开炮，他说离你太近了，我说 10 米开炮，限制 10 米，离我碉堡 10 米，说离你太近了，我说废话，你干脆向我碉堡顶上开炮，碉堡顶他们打不到呢，我说没办法了。向我开炮，是这么喊出来的。

【同期声】时任第23军第67师通信科　陆洪坤（81岁）

他用这种对准我的全身打，对准我打。所以我一直都没有忘，特别是那个向我开炮的电影出来以后。

【解说】

眼看美军就要占领阵地时，蒋庆泉最后喊道："向我开炮！向我开炮！"随后，声音消失在电波中。

石岘洞北山战斗结束后，《战地报》记者洪炉在实地采访时，听说了蒋庆泉"向我开炮"的事迹，但他没有见到蒋庆泉，第一时间采访了当时与蒋庆泉直接通话的两个战士谷德泰和陆洪坤。

【同期声】时任第23军《战地报》记者　烘炉（82岁）

蒋庆泉我们都以为他已经牺牲了，结果文章写好了，还没有发表，知道了他被俘了。

【解说】

很快，烘炉反映蒋庆泉事迹的战地通讯《顽强的声音——记步行机员蒋庆泉》创作完成，就在这时，一条震惊的消息传来：在联合国军交换的战俘人员名单中，有"英雄"蒋庆泉的名字。同年7月，第23军第73师第217团的步行机员于树昌也在战斗中呼唤炮火，与敌同归于尽。于是，洪炉根据未能发表的《顽强的声音》，以于树昌为主角又另写了一篇通讯——《向我开炮》。

【同期声】时任第 23 军《战地报》记者 烘炉（82 岁）

《英雄儿女》的编剧跟导演商量了，说王成死的太简单了，加一点英雄故事，他说把向我开炮加进去，这一下子加进去这个王成火了，这个形象高大了。

【解说】

随着电影《英雄儿女》的热映，王成 "向我开炮"的口号也传遍了神州大地。本该成为英雄的蒋庆泉，命运却发生了翻天覆地的变化。被俘后，蒋庆泉被"甄别"为无药可救的顽固分子，被送到釜山第三战俘营。

【同期声】时任第 23 军第 67 师第 201 团步话机员 蒋庆泉（85 岁）

釜山第三战俘营，都是回国的，给我三条路，去日本，第二个我去台湾，第三个回家死路一条，就给我三条路，我说我要最后一条，我是高低回家。摆一个擂台竞赛，看谁书法写的好，那个台上写的是啥呢，写的是家，一个字，我要回家，下面注我的真名，蒋庆泉。

【解说】

1953 年朝鲜停战后，蒋庆泉与 6000 多名志愿军战俘被交换回国。此后，蒋庆泉回家以务农为生，从不提及抗美援朝，上世纪 60 年代，蒋庆泉和老伴去公社看电影，放映的正是电影《英雄儿女》，回来的路上，蒋庆泉哭了。

【同期声】时任第 23 军《战地报》记者 烘炉（82 岁）

蒋庆泉他见我说，我喊向我开炮，为什么不开炮，我就死了，当不了俘虏了，实际上当时炮阵地没炮弹了。

【解说】

今年，已经 85 岁的蒋庆泉，每逢赶集日，都会带着老伴到附近的集市支上小摊，售卖老伴亲手缝制的鞋垫，军人和残疾人免费，用他自己的话说，不为别的，只为了发挥余热。蒋庆泉还将自己的经历写成"我从战俘营中走来"的书稿，就是想把自己一生的经历留给后人。关于"英雄"，蒋庆泉说，"我是王成，也不是王成。我不是英雄，但我也不是狗熊。"

在朝鲜战场上，还有一群特殊的人，他们不具备专业的军事素质，但他们同样信仰坚定、不畏牺牲。

1951 年 4 月，由中国人民抗美援朝总会派遣的、代表全国人民的中国人民第一届赴朝慰问团成立，慰问团由全国各民主党派、人民团体、各阶层、各地区、各民族和解放军的代表以及文艺工作者 575 人组成，在总团长廖承志的率领下，带去了祖国人民对志愿军的深切问候，慰问团带去全国人民献赠的 1093 面锦旗、420 万元慰问金、2000 余箱慰问品以及 1.5 万封慰问信。

慰问团抵达朝鲜时，正值志愿军发动第四次战役，随团的文艺工作者不避艰险、翻山越岭、深入前沿为指战员们演出，把祖国人民的温暖送到每个战士的心坎上。4 月 23 日，在慰问团完成任务返回祖国的途中，路经朝鲜沙元里时，遭遇敌机空袭，相声演员常宝堃先生不幸中弹牺牲。和他共同遇难还有第 2 分团副团长廖享禄、琴师程树棠、汽车运输连副连长王利高等。

郭振文，第 15 军战地记者，1951 年 4 月 22 日，五次战役开始后，他被派往第 133 团随部队采访。

【同期声】时任第 15 军战场报记者　郭振文（83 岁）

给我派了一个团里面的摄影干事，这个人叫熊笃中，叫他陪我，那个小伙子长的很帅，我们都是晚上行军的，一出门那个路上炮火就铺天盖地的，每天晚上一走几十里路啊，就在敌人那个炮火里面走。没接触到敌人，一个连队就 1/3，或者更多的人就牺牲了。

【解说】

郭振文和其他记者一起，以笔作枪，记录着战争的残酷，当第 133 团到达目的地时，随行报道的 17 人，只剩下了 7 位，摄影干事熊笃中不幸牺牲。

【同期声】时任第 15 军战场报记者　郭振文（83 岁）

第二天我们就清理烈士的东西，就看到熊干事有一本日记，我当时是军里面的记者嘛，我就要来看一看，熊干事正在谈恋爱，他的爱人呢，叫什么玉黛，两个人日记上写的是非常的缠绵，里边说有很多的承诺了，说将来胜利了以后，一定陪你去全国看一看，这事过去后几十年了，我想起这个人以后，很伤心。

【解说】

1950 年 10 月 20 日，中央新闻纪录电影制片厂的 11 位摄影师，接到秘密赴朝的命令，由徐肖冰领队踏上了寻找主力部队的征程。

【同期声】北京电影制片厂新闻摄影队摄影师　赵化（80 岁）

10 月 25 日我们就离开北京到了沈阳，住在中山路 1 号。在那做准备，当时就换上了朝鲜人民军的军服。三个摄影师换上干部服，助理一律换战士服，就是带带儿的衣服，那时候就是我们都剃光头了。

【解说】

　　摄影师刘德源，带领两名助理苏中义、孙树相跟随第 113 师的前卫团第 337 团日夜行军，他们除了和战士们一样全副武装，还得携带着沉重的摄影器材。抗美援朝战争中英雄的中国人民志愿军就是摄影师们记录的主体。有趣的是，志愿军勇士们是用缴获的美制武器打败美国佬的，而刘德源用来拍摄打败美军的摄影机正好也是一台美国造的埃姆摄影机，连当时用的胶片和胶卷也是美国造的柯达片！

【同期声】北京电影制片厂新闻摄影队摄影师　赵化（80 岁）

　　新闻纪录电影的这个队伍，是咱们党培养下来的队伍。这个队伍一不怕苦，二不怕死，吃苦在前，享受在后，不计较个人名和利，全心全意为人民。刘德源他们三个人，从这个部队转到那个部队，结果就遇上三个美国兵，打了以后，三个人就投降了。拍电影的还抓了三个俘虏拍了一个照片。1951 年第五次战役，杨序忠他跟着部队的一个宣传部长往前走。往前走，走到前面，结果到早晨敌人飞机来了，就进行又轰炸，又扫射的，他在那牺牲了。

【解说】

　　1952 年 10 月，八一电影制片厂赴朝拍摄纪录片《慰问最可爱的人》。10 月 17 日，在朝鲜平安南道成川郡石田里，在拍摄中国人民赴朝慰问团慰问志愿军活动时，突遭敌机轰炸，摄影师高庆生为保护摄影机，不幸中弹牺牲，时年 25 岁。他抢救出来的"艾姆"手提摄影机后来被命名"光荣号"。总政治部授予他烈士称号并追认为"模范共青团员"。

战争期间，中央新闻纪录电影制片厂共 110 余位同志参加战地拍摄。他们用鲜血和生命去记录那一场场惊心动魄的战斗和一段段感人至深的故事。他们为后人留下了许多不可复制的经典画面，从另一个角度印证着中国人民志愿军的英勇和无畏，见证了抗美援朝的战争。

今天当我们再回首凝视这些青葱可爱的面庞，走近这一个个曾经怀揣着坚定的信念，投身到一场保家卫国战争中去的"最可爱的人"，他们的信仰、他们的牺牲、他们的命运都成为人类个体追求和平与自由的最真实的注脚。在丹东抗美援朝纪念馆，经过十多年的调查核实共确认 183108 名中国人民志愿军官兵在战争期间为国捐躯。这些志愿军烈士来自除西藏以外中国大陆的 30 个省区市。

在朝鲜，为中国人民志愿军修建的纪念碑和烈士墓有 200 多处，最有纪念意义的当属朝中友谊塔。塔高 30 米，塔身用 1025 块花岗岩和大理石砌成，象征着中国人民志愿军入朝作战的日子。塔内圆形大厅中央有一座大理石石函，石函里安放着 10 本中国人民志愿军烈士名册，这 10 本名册中，只记载了战斗英雄和团以上军官的烈士姓名。

在中国，纪念抗美援朝的各种纪念碑、纪念馆，更是数不胜数。我们用各种各样的方式去纪念那场伟大的战争，去缅怀那些为和平事业作出贡献的人们，中国人民志愿军一把炒面，一把雪，用鲜血、用青春、用生命再次向世人展示了中国军人钢铁般的意志和必胜的信念。志愿军的精神已经成为中华民族的宝贵财富。

中国人民伟大的"抗美援朝，保家卫国"的战争，是中国人民不畏强暴反抗侵略的伟大壮举，创造了震撼世界的辉煌业绩，是中华民族的光荣和骄傲。永远载入了中华人民共和国和中华民族的光辉史册，丰绩永存。

大型文献纪录片《不能忘却的伟大胜利》
职员表

总 顾 问：迟浩田　赵南起　于永波　向守志
总 策 划：邢运明
出 品 人：辛　旗　高　峰　黄　宏　周天江
总 监 制：郑　剑　郭本敏　马维干　高顺清
总制片人：石永奇　颜　品　马正华
监　　制：贾超为　王　敏　沈永峰　张建宁
策　　划：马正华　郑　雷　郑富权　蒋　童
　　　　　杨胜云　宿保平　高　盈
军史顾问：齐德学　王晓建
艺术指导：吴金华
总 编 导：沈　芳　王晓杰
总 撰 稿：郑　东　沈　芳
总 摄 像：王晓杰　于　宇
编　　导：余　念　蒋　童　高语冰　张树奇
编导助理：许　晶　高红旭　沈丹茜　王　朝
摄　　像：蒋　童　单　雷
解　　说：徐　涛
录单合成：瞿卫军　刘　芳
音乐编辑：程　嵩　曹　飞
制　　片：赵　苹　杨　龙　黄玉华　朱建宁　蔡开发　璐　尘
资　　料：朱勤效　马英魁　刘芄芄　张　密　张傅茵　邓青燕
　　　　　郝春安　张碧鑫
总 协 调：杨军强　汪社明　李传训　付　超　宿保平
协　　调：魏　明　张　军　张继章　梁海涛　杨雨文　陈跃红
　　　　　刘　河　李建伟　韩国涛　肖春阳　郭香村　董笃庆
统　　筹：苑国良　高红旭　王　莹　李奎革　张东晓　丁　鹏
　　　　　张青豫　吴发生
翻　　译：唐　艳（朝文）　高　盈（英文）
制 片 人：张　星　张建宁　沈　芳

特别鸣谢

沈阳军区　北京军区　兰州军区　济南军区

南京军区　广州军区　成都军区　空　　军

特别感谢

朝鲜民主主义人民共和国朝中友好协会中央委员会

联合摄制

中华文化发展促进会　中央新闻纪录电影制片厂（集团）

南京广播电视集团　八一电影制片厂

中国华艺音像实业有限公司

图书在版编目（CIP）数据

不能忘却的伟大胜利 / 《不能忘却的伟大胜利》摄制组著.
—北京：华艺出版社，2014.2
ISBN 978-7-80252-500-9

Ⅰ.①不… Ⅱ.①不… Ⅲ.①抗美援朝战争—史料
Ⅳ.①E297.5

中国版本图书馆CIP数据核字（2014）第025636号

不能忘却的伟大胜利

编　　者：《不能忘却的伟大胜利》摄制组
出 版 人：石永奇
责任编辑：郑治清　郑　实
装帧设计：来　蕊
出版发行：华艺出版社
社　　址：北京市海淀区北四环中路229号海泰大厦10层
电　　话：010-82885151
邮　　编：100083
电子信箱：huayip@vip.sina.com
网　　站：www.huayicbs.com
印　　刷：北京天正元印务有限公司
开　　本：710×1000　1/16
字　　数：219千字
印　　张：18.5
版　　次：2014年4月第1版第1次印刷
书　　号：ISBN 978-7-80252-500-9
定　　价：36.00元